日本語学
トレーニング 100題

柿木重宜 著 Shigetaka Kakigi

ナカニシヤ出版

はじめに

　「言語学や日本語に関する難しい理論が書いてある本ではなく，楽しみながら学べるテキストはないですか」。拙著『ふしぎな言葉の学―日本語学と言語学の接点を求めて―』(2000)，『なぜ言葉は変わるのか―日本語学と言語学へのプロローグ―』(2003) を上梓した後，そのような質問を何度もうけることが多くなった。書店に所せましと並んでいる「言語学」や日本語学（国語学）の問題集の中には，参考にすべき著書もかなりみられたが，学術的でかつ実用性ももったテキストはなかなか見つからなかった。

　日本語学，言語学関連の様々な学会に参加しても，現代の学生の日本語力を嘆く先生方ばかりである。確かに，IT化社会によって，稚拙な日本語表現能力や正確に漢字を書けない学生など，教育の現場ではいろいろな問題が生じているのも事実である。しかし，本当に今の学生だけが学力がなく，昔の学生は勉強熱心だったのかというと必ずしもそうとは言いきれないだろう。むしろ，筆者は，若者の優れた情報処理能力や絵文字や顔文字を巧みに操り，互いの人間関係を構築していく姿をみて，潜在的な能力は，どの学生にもあると感じている。少しでも日本語能力が向上するような興味深い本を作成するようにすれば，きっと学生も「ことば」に対して関心をもってくれるのではないかと期待を込めて，本書の刊行を考えることにした。ただ，あまたある概論書とは異なる分かりやすい本を作成するほど難しいものはなく，構想からかなりの月日を要した。

　拙著では，日本語に関する重要な用語の説明だけでなく，実践的な問題も数多く含まれており，解答を導きだすノウハウもマスターできるように心がけるようにした。

　筆者は，これまでの経験からして，多くの学生が，問題には，必ず正答があり，○×方式の問題集にあまりにも慣れているのではないかと感じている。拙著の主眼は，じっくりと問題に取り組むこと

にあり，100の問題を通して，「ことば」を少しでも深く学ぶことに重点を置くことにした。

　本書には，間違っても，間違ってもいいじゃないか，もっと「日本語」を楽しみながら，自分で考えて，学ぼうじゃないか，という筆者の強い願いが込められている。

　拙著は，当初，大学や短期大学の日本語関連の講義用テキストとして作成するつもりであった。しかし，書き進めていくうちに，講義という枠を取り去り，これから，一般企業の就職を希望している人や「ことば」そのものに関心のある人など，少しでも多くの方に読んでほしいと願い，学術的で実用的な本を楽しみながら読めるように工夫してみた。ただ，筆者の浅学菲才は如何（いかん）ともできず，不備なところも多くあることと思う。本書を通して，読書諸賢を，日本語の奥深さへと誘（いざな）うことができれば，筆者としても望外の幸せである。

　なお，テキストである以上，章立は配されているが，通常の専門書と違い，どの章から読み始めてもらっても構わないように構成した。

　最も大切なことは，「ことば」を楽しむ心である。

　例えば，漢字の読み方なら，必死で丸暗記をして学ぶものだと勘違いをしてきた人も多いことだと思う。日本語学（国語学）とは，そんな魅力のない学問ではない。ローマ字を使って，一定の法則さえ覚えれば，すぐに理解できる漢字もかなりたくさんあることに，本書を読み終えた後，気づかれる方もいることであろう。

　皆さんが，拙著の問題や解説を通して，少しでも「日本語」を好きになってくれることを切に望む次第である。「日本語学」「言語学」というと，日常生活とは何ら関係のないイメージを抱くかもしれないが，これほど身近で，面白いテーマはないのである。

　拙著の企画は，慧眼の編集長宍倉由高さんの的確なアドバイスによって刊行することができた。編集長のおかげで，世に出ることとなった。

筆者の初めての拙著『ふしぎな言葉の学―日本語学と言語学の接点を求めて―』から，十年以上の月日が経った。学生の気質は変わったとはいえ，「ことば」に対する好奇心に何ら変わりはないと筆者は考えている。

　なお，私事で恐縮であるが，『ふしぎな言葉の学―日本語学と言語学の接点を求めて―』と『なぜ言葉は変わるのか―日本語学と言語学へのプロローグ―』を併用しながら，一読してくだされば，より一層，本書の理解が深まるものと確信している。もちろん，教養と実用性を兼ね備えることを目的としたために，統一性という点では至らぬ点も多くみられるかもしれない。この点は，特に，ご叱声を賜れば幸甚である。

　最後に，筆者の意図を理解してくださったナカニシヤ出版の中西健夫社長，編集長宍倉由高氏に衷心より謝意を申し上げたい。

　本書は 2012 年に出版した『日本語再履修』を基に，加筆、修正を施した新装版である。その際に，編集者の方と相談した結果，タイトルを『日本語学トレーニング 100 題』に改めたことを付記しておきたい。

平成 29 年 8 月 30 日
湖都大津にて

著者

目　次

はじめに　i

1　音韻にかかわる問題 ──────1

- 1-1　日本語の言語特徴について（音節構造と語順）　1
- 1-2　音と文字の関係　5
- 1-3　転音現象と語源に関する問題　6
- 1-4　法則を用いて漢字を読む：ローマ字の利用　7
  - 1-4-1　Nの法則：連声　12
  - 1-4-2　Sの法則：音韻添加　14
- 1-5　形声文字を利用する　17
- 1-6　形音義とは何か：形・音・義　20

2　漢　字 ──────23

- 2-1　同音異義語　23
- 2-2　呉音・漢音・唐音　28
- 2-3　対義語　32
- 2-4　四字熟語　36
- 2-5　ことわざ　45
- 2-6　「しりとり形式」の漢字　47
- 2-7　おさえておきたい教養のあることば　49
- 2-8　文字の本質について　52

3　語種について ──────57

- 3-1　和語・漢語・外来語・混種語　57

3-2　語種のイメージ　　60
　　3-3　省略語　67

4　文　　　法 ———————————————————69
　　4-1　品詞の問題　　69
　　4-2　ローマ字と文法　　74

5　正しい日本語とは何か ———————————81
　　5-1　誤った日本語　　81
　　5-2　ことばの規範：「国語」という用語を巡って　　84
　　5-3　敬語　　86

6　日本語表現法 ——————————————————89
　　6-1　短文の完成　　89
　　6-2　打つ文と書く文：メール言語　　93
　　6-3　比喩的表現　　96
　　6-4　長文読解：実践的な読み方と書き方　　99

7　日本語の起源 ——————————————————105
　　7-1　日本語と仏教用語：借用語について　　105
　　7-2　日本語の起源は解明できるのか　　109

8　地域と社会にかかわることば ———————115
　　8-1　地域とことば（地域方言）　　115
　　8-2　社会とことば（社会方言）　　118

9 文学に関する問題 ————————123

9-1 芥川賞と直木賞　123
9-2 作家のペンネーム　124
9-3 作家と作品名　127

10 辞書の話 ————————133

11 語源の話 ————————139

12 実用的な日本語 ————————143

12-1 文章の書き方　143
12-2 国語教育と日本語教育：検定制度について　144

13 教養的な日本語 ————————151

おわりに　159
参考文献　161
索　引　163

1 音韻にかかわる問題

1-1 日本語の言語特徴について(音節構造と語順)

【問題1】
　日本人が英語を不得手とする理由は，学習者の勉強不足以外に，次のような原因が考えられます。
　以下の文は，日本語と外国語（ここでは，皆さんに最もなじみのある英語）の音節と語順の違いについて述べています。
　では，(1)～(5)に適当なことばを入れなさい。

　日本人が英語を発音することが困難な理由の一つに，日本語と英語の音節構造上の違いが挙げられます。
　日本語は基本的に末尾が，(1)で終る開音節言語であり，英語は，(2)で終ることの多い閉音節言語です。例えば，dog という英語を，日本人が発音すると，どうしても「ドック」と発音して，最後に(1)をつけてしまいます。したがって，日本人が発音する英語の単語は，日本語なまりの外国語の発音になってしまいます。外来語とはいっても，決して，外国語の音そのものを忠実に再現したものではありません。また，他にも，ナイター，ガソリンスタンドなどは，日本でしか通用しませんし，この場合は，和製英語といえるでしょう。
　語順の面でいうと，例えば，日本語の「私は本を読む」という文は，[主語＋(3)＋(4)]の語順をとりますが，英語では，I read a book となり，[主語＋(4)＋(3)]の語順になります。
　また，この場合，英語では，日本語の概念にはない(5)が用

いられています。

(答)
(1) 母音　(2) 子音　(3) 目的語　(4) 動詞　(5) 冠詞

解　説

　今から，30年以上も前の話ですが，筆者が，はじめて中学で英語を学んだとき，aを「一つの」と先生が訳していた（例えば，This is a pen「これは一つのペンです」）にもかかわらず，しばらくすると，「一つの」とは訳されなくなり，全く「冠詞」の説明がないまま授業を進められたことがあります。

　そこで，不思議に思った筆者は，この点について質問をしました。すると，くだんの先生は，「そんな細かいことに捉われるな！　英語は，細かいことに気にしてはいけないんだ，ただ覚えろ！」というご返事。もちろん，英語力にしろ，国語力にしろ，暗記は非常に重要ですが，この場合は，そんなことではなく，単に先生がご存じなかっただけの話で，これは大きな間違いです。

　日本語には，そもそも「冠詞」という概念がないから理解できなかったのです。同様に，日本人にはあまりなじみがないモンゴル語やトルコ語にも，このような「冠詞」という概念はありません。筆者は，外国語を学ぶときには，ヨーロッパの諸言語よりむしろ，日本語と音韻や語順が似た言語を，例として，授業に取り入れるべきだと考えています。なぜなら，外国語が全て日本語とはあらゆる点で異なる特徴をもっているわけではないからです。

　ヨーロッパの諸言語で思い出しましたが，英語の先生なら大学できっと比較言語学（comparative linguistics）について何らかの勉強をしているはずです。大学時代に家庭教師をしていた頃，担当した学生に次のようなアドバイスをしたことがあります。「先生，英語は，実はインド・ヨーロッパ語族に含まれるんですね，といって

ごらん。きっと，先生はびっくりするぞ」と普段の成績が決して芳(かんば)しいとはいえない学生に教えたことがあります。先生に少しでも良い印象をもってもらおうと思ったからですが，これがかえってお節介なことになってしまいました。その学生，本当に，授業中に突然手を挙げて，「先生，英語はインド・ヨーロッパ語族に含まれるのですね」と言ったのです。先生は，ただ一言「なぜ，インドと英語が関係あるのだ。つまらないことを言わないで，黙って聞いていなさい」と怒られたそうです。

　英語学にとても詳しい中学や高校の先生方もいらっしゃれば，英文学で卒業論文を書いた先生もおられることでしょう。いらぬアドバイスだったと今でも苦い思い出となっています。しかし，英語を母語としている国とは遥かに遠いインドの古いことば，すなわち，サンスクリットという言語は，起源を辿っていくと英語と同じなのです。これに関しては，後述しますが，比較言語学を学んだ学生なら誰しもが知っていることです。現場での英語教育の必要性はよく討論されていますが，実践を重視するだけでなく，理論の面，例えば，英語学の知識もある程度，現場の先生方ももってほしいと願うばかりでした。これは英語教育と英語学だけにいえることではありません。国語教育は，確かに規範的な側面がありますが，同じく，ことばと関連する言語学，言語教育は，記述的な側面があるといえます。後でも述べますが，現在の日本語教育とは，母語を日本語とする学生に対してではなく，一般的には，外国人留学生に日本語を教えることを指します。

　規範と記述の点ですが，例を挙げると，「ら抜きことば」（例えば，「食べられる」を「食べれる」という言い方をすること）は，現代の国語教育学界では認知しかねる表現（規範的な表現ではない）と考えられていますが，言語学の分野では，「ら抜きことば」自体が，現代の言語状況を把握できる重要な研究テーマ（記述的な表現の研究）になります。ここでは，便宜上，日本語学＝国語学としていますが，専門家を目指す人は，本当は，もっとこの二つの違いについ

て考察する必要があります。ただ，拙著では，煩雑な説明を避けるために，いずれも，母語を研究する学問としている点を考慮して，同一のものとして扱っているだけです。

では，少し難しいかもしれませんが，次の問題に答えてみてください。

> 【問題2】
> 次の文章を読み（a）～（e）に入る適当な漢字二字の熟語を考えなさい。

日本語の特徴は，世界の約六千の言語（この数字も言語学者によって意見の相違がみられる）に対して，音韻，形態，（a）の点で特に珍しい点はみられない。しかし，（b）に関していえば，漢字，ひらがな，カタカナ，ローマ字といった様々な種類のものがあり，諸言語と比べきわめて特徴的な要素を有しているといえる。とりわけ，漢字は，（c）性をもった便利な（b）だといえるが，（d）異義語の場合，正確な文字は文脈から判断せざるを得ない。例えば，「ⅠのデータとⅡのデータを比較タイショウする」という文では，（e）という漢字しか用いることができない。

明治時代，日本において，漢字廃止論，ローマ字化運動が起こったことがあるが，ローマ字だけの文では，このような（d）異義語が区別できないばかりか，（c）性さえも表わすことができない。

このような点から，現在の日本の文字表記は，「漢字仮名混じり文」が用いられているのだと考えられるのである。

> （答）
> a 文法　b 文字　c 表意　d 同音　e 対照

1-2 音と文字の関係

> 【問題3】
> 「形成」という漢字の読み方は,「けいせい」と表記しますが,実際に発音するときには,(ケーセー)と読んでいるはずです。
> 同様に,表記と実際の発音が異なる漢字を,例を参考にして挙げなさい。
>
> | | 表記 | 読み方 | 実際の発音 | |
> | --- | --- | --- | --- | --- |
> | (例) | 傾向 | 「けいこう」 | (ケーコー) | 傾向 |

(答)
労働	「ろうどう」	(ロードー)	労働

他にも,意外に気づいていない次のような例もあります。

表記	読み方	実際の発音	
体育	「たいいく」	(タイク)	体育

解　説

　上記の例をみれば分かるように,普段の日常生活で用いていることばの変化には,意外に(<u>以外</u>ではありません)気づかないことがあります。

　ここで重要なポイントは,文字は決して音を忠実に表わしてくれないということです。

　ついでにいえば「～ます」の最後の「す」も,専門的にいえば,「母音の無声化」(詳しく表記すれば,mas$\overset{\circ}{\text{u}}$)という現象が起こり,実際に聞き取れないことがあるはずです。一度,自分で発音してみると分かりますが,通常,日本語の末尾の母音は明瞭に発音しますが,この場合は,はっきりと発音していないはずです。

1-3 転音現象と語源に関する問題

【問題4】
「魚」の語源は，次にみられる合成語であると考えられています。（　）に入る漢字一字を考えなさい。

なお，「さか」は，例にありますように，「転音現象」を起こし，元の音とは異なっています。

　　（例）　木「き」　＋　立ち「たち」＝木立「こだち」
　　　　　（　）「さか」＋　菜「な」＝魚「さかな」

（答）
酒

解　説

以下のような語構成をとり，魚ということばができたと考えられます。

（酒）「さけ」＋菜「な」＝魚「さかな」

なお，ここでも文字の中でも，最も忠実に音声を反映できるローマ字を利用すると，さらに分かりやすくなります。

すなわち，上の例でいくと，次のようなローマ字表記（このような場合は，全て訓令式ローマ字で表記します）になります。

「き（ki）」＋「たち（tati）」＝「こだち（kodati）」
「き（ki）」→「こ（ko）」 i　→　o（母音の変化）

ただし，上記の例の場合は，後続する単語の頭音が無声音［t］です。

難しく言えば，ここでは，「連濁（れんだく）」という現象，すなわち，「たち」が「だち」になり，ローマ字表記をすると，tからdへと変化が生じています。

いずれにせよ，ローマ字を用いると，「木（き）」（ki）が「木（こ）」（ko）に変化して，母音交替（i→o）が起きていることがよく分かります。

1-4 法則を用いて漢字を読む：ローマ字の利用

【問題5】

複合語の中には，二つのことばが合成した場合に，後続することばの語頭が濁音になることがあります。しかし，例の（b）の場合のように，必ずしも濁音にならないことばもみられます。

（a）と（b）の例を参考にして，濁音になる複合語（Ⅰ）と濁音にならない複合語（Ⅱ）を考え，なぜこのような違いが生じるのか，答えなさい。

（例）　（a）　木（こ）＋立（たち）＝木立（こだち）
　　　（b）　夏（なつ）＋風邪（かぜ）＝夏風邪（なつかぜ）

Ⅰ　濁音になる複合語
Ⅱ　濁音にならない複合語

> （答）
> Ⅰ　濁音になる複合語
> 　小（こ）＋林（はやし）＝小林（こばやし）
> Ⅱ　濁音にならない複合語
> 　春（はる）＋風（かぜ）＝春風（はるかぜ）

　例外もあるが，基本的には，複合語の中で，後続する単語に濁音が含まれている場合には，連濁になる現象が妨げられ，合成した複合語に，連濁した例はみられない。

解　説

　このような例は，難しい用語でいえば，お雇い外国人教師として，来日していたベンジャミン・スミス・ライマン（1835-1920）という人が発見したので，「ライマンの法則」と呼ばれることがあります。なぜ外国人のほうが，こんな難しいことに気がつくのでしょうか？　それは，外国人にとっての日本語は，母語としての「ことば」ではないからです。皆さんは，自分の話すことばを意識したことがありますか？　もちろん，意識をしないとことばは話せません。しかし，自分のことが一番分かっているようでも，自分の本当の姿を知ることが一番難しいのです。ことばも同様に，自分の母語を説明するほど難しいことはありません。

　では，これからローマ字を使うことが多くなりますので，先に，少しだけローマ字について説明しておきます。ローマ字は，概ねヘボン式（標準式），と日本式（訓令式）に分類できます。もっと詳しくいえば，この四つの表記は異なります。ここではその説明を省き，基本的に訓令式表記法に従うことにします。筆者は，常々，なぜ国語教育や日本語教育に，もっとローマ字を導入しないのかと不思議に感じています。

　下記の例の場合，ローマ字を使うと，ことばの変化に気づきやすくなります。

ko「こ」　＋ tati「たち」＝ kodati「こだち」

「たち」に t（歯茎無声閉鎖音）が含まれているために，d（歯茎有声閉鎖音）に変化しています。

natu「なつ」＋ kaze「かぜ」＝ natukaze「なつかぜ」

「かぜ」に z（歯茎有声摩擦音）が含まれているために，k（軟口蓋無声閉鎖音）は変化しません。

「こ」に後続する単語（この場合は「たち」）の頭音が，無声音（声帯が振動しない）なら，複合語は，有声音（声帯が振動する）を含む「こだち」に変化します。一方，「なつかぜ」の場合，「なつ」に後続する単語「かぜ」が有声音を含んでいるために，「かぜ」は無声音のままで，複合語が，「なつがぜ」とはなりません。

しかし，日本語のかな文字では，このような複雑な現象に決して気づくことはできません。専門的にいえば，日本語のかなは，音節文字といって，基本的に一つの文字が二つの音素文字をもっていることになります。

例えば，「か」という文字は，ローマ字に直すと，ka になり，分解すると次のように構成されています。

「か」　k ＋ a　（C ＋ V）［子音＋母音］

なお，C は consonant（子音）の頭文字で，V は vowel（母音）の頭文字です。

上記のように，基本的に，かな文字は，子音と母音から一つの文字が作りだされているわけです。次のさ行，た行も，次のようになり，同様な音節文字を構成しています。

「さ」　s ＋ a　（C ＋ V）［子音＋母音］

「た」 t＋a （C＋V）［子音＋母音］

この後も，同じように基本的には，**音素文字**から構成された（C＋V）［子音＋母音］が，一つの**音節文字**と機能して，続いていきます。

このような理由から，ことばの変化の本質に近づこうとすれば，一度，音を最も忠実に表わすローマ字に直してみると，気づかなかった音の本質が見えてくるかもしれません。

では，次の問題をやってみましょう。

【問題6】
複合語の中には，半濁音（例えば，「ば」の「濁音」に対して，「ぱ」は「半濁音」と呼ばれています）がみられることがあります。（例）と同じような語彙を考えなさい。

（例）　天「てん」＋変「へん」＝天変「てんぺん」

（答）
散「さん」＋髪「はつ」＝散髪「さんぱつ」

解　説

上述した「濁音」と「半濁音」ですが，（例）のハ行音の場合なら，次のようになります。なお，仮名は，「濁音」に対して「清音」と呼ばれています。

清音	は	ひ	ふ	へ	ほ
濁音	ば	び	ぶ	べ	ぼ
半濁音	ぱ	ぴ	ぷ	ぺ	ぽ

これを，全てローマ字で表記すると次のようになります。

清音	ha	hi	hu	he	ho
濁音	ba	bi	bu	be	bo
半濁音	pa	pi	pu	pe	po

　なお，奈良時代以前，専門的には，上代以前における日本語には，ハ行音ｈ音がパ行音ｐ音であったことはよく知られています。母「はは」は，まぎれもなく「パパ」と呼ばれていたのです。実際には，パ行が，ファ行，そして，現在のハ行へと変化していきます。このような学問的なＰ＞Ｆ（実際の音価は［Φ］）＞Ｈのような知識は難しいので，覚えておく必要がないと考えている人も多いことでしょう。しかし，日本語学（国語学）の知識が意外と，実際の漢字の読み方に役立つことがあるのです。

　例えば，日本語学（国語学）の難しい用語，ここでは，連声（れんじょう）などといった法則は，全く実用に役に立たないようにみえますが，実際には，漢字の読み方に大いに活用できます。

　拙著は，あくまで教養と実用性を兼ね備えた本を目指していますので，ここでもこの法則を利用することにします。

　ただし，注意してもらいたいのは，筆者は，法則ということばを何度も使っていますが，本当は百パーセントの法則で解決できるとは考えていません。「ことば」は人が使っているかぎり，変化していきます。もちろん，例外もでてきますが，「ことばは人が使っているかぎり変化する」ということは，言語学を専門としている人なら誰しもが知っていることなのです。このような真実があるにもかかわらず，人は古きことばにあまりにも拘泥（こうでい）しすぎるところがあります。

1-4-1 Nの法則：連声

　次に挙げる漢字の読みは，大学入試，就職問題に，よく出題される問題です。この三つの読みを書いてください。

> 【問題 7】
> 次の漢字の読み方を書きなさい。
>
> 安穏　銀杏　因縁

> （答）
> **あんのん　ぎんなん　いんねん**

解　説

　解答は，「あんのん」「ぎんなん」「いんねん」ですが，本書を手にしたほとんどの学生が，元々このような読みに決まっていて，丸暗記しなければならないと思っているのではないでしょうか。

　この読み方に関しては，拙著『ふしぎな言葉の学』で，詳しくふれておきましたので，ここでは，読みの規則に関して補足説明しておきます。

　上掲書が刊行されてから，すでに10年以上経ちますが，いまだに，学生にこのような漢字の読み方を書いてもらうと，そんな規則は初めて聞いたという人がかなりいます。

　これは，難しくいえば日本語学（国語学）の用語で，連声（れんじょう）と呼ばれています。漢字を全てローマ字に直してみて，二つの漢字を分けてみますと，すぐに何らかの法則があることに気づくはずです。

安 [an] ＋穏 [on] ＝安 [an] ＋ n ＋穏 [on] ＝安穏 [annon]

つまり、最初の漢字がnで終っているときに、後続する漢字の音が母音（a, i, u, e, o）で始まる場合、もう一度nをつけてみるのです。当然のことながら、「穏」という漢字には、穏健「おんけん」や穏当「おんとう」などの熟語がみられるように、「穏」が［on］という読み方をすることを知っていなければなりませんが……。

このような例を、かりに「Nの法則」と名づけておきます。

他の例を考えますと、同様に次のようになります。

銀［gin］＋杏［an］＝銀［gin］＋ n ＋杏［an］＝銀杏［ginnan］

もちろん、これも「杏」を「あん」と読めなければできませんが、この種の漢字は、人名や地名を思い出してもらえば、見つかる場合がよくあります。歌手の杏里「あんり」さん、女優の鈴木杏樹「あんじゅ」さんを知っていればできます。Nの法則と名づけるかぎりは、もっと諸例がないといけませんが、このような例が、普段何気なく使っていることばの中にあることに気づかれたでしょうか。例えば、「観音」「天皇」「反応」などがそうです。

さきほどと同じ要領で、まずローマ字に直して、その間にnを入れてみますと、すぐに気づくはずです。おそらく、どの学生も上記の漢字の読み方が初めから決まっていて、丸暗記していたのではないかと思います。

分解すると、次のようになります。

観［kan］＋音「on」＝観［kan］＋ n ＋音「on」＝観音［kannon］
反［han］＋応［ou］＝反［han］＋ n ＋応［ou］＝反応［hannou］
天［ten］＋皇［ou］＝天［ten］＋ n ＋皇［ou］＝天皇［tennou］

まだまだ、「輪廻（りんね）」（廻は「え」と読みます）など類例はたくさんありますが、説明が煩雑になりますので、この辺りで止めおくことにします。

なお、実際の連声という現象は、もう少し複雑なものです。後続

する音が母音でなくても,半母音でもいい場合もあります。ここでは,撥音(はつおん)と呼ばれるnの例に限定しておきました。

では,他にこのような規則で読める漢字はないのでしょうか。それが,次のSの法則です。

1-4-2 Sの法則：音韻添加

筆者は,元々アルタイ諸語,すなわち,モンゴル諸語,チュルク諸語,満州・ツングース諸語を専門に研究をしていました。そして,あまりにも,日本語とこれらの言語が似ていたために,ことばの語源そのものに関心を抱くようになりました。少し専門的になりますが,以前に,語源に関する本格的な著書として,『日本語の語源を学ぶ人のために』の第六章「語源学史と語源研究」の第三節「近・現代における語源学と主要参考文献」を担当したことがあります。しかし,この著書の執筆段階で,少し頭を悩ませる問題が起きました。それは,第四章の「日本語と周辺諸言語との比較」の第十節「日本語とタミル語」を担当したのが,国語学の泰斗大野　晋(おおのすすむ)(1919-2008)であったことです。大野(2006)は,この中で,日本語とタミル語(タミール語と表記することがあります)との系統が同じであることを一貫して提唱していました。

この時の執筆陣は,筆者のような若輩を除いて,ほとんどの方が,日本語学（国語学）や様々な諸言語の大家の先生ばかりでした。私自身も,やりがいがありましたので,上記の共著者として,近代と現代の語源学の関係とその主要な著書や論文について調査,検討を試みました。拙論を執筆するには,近・現代の主要参考文献を掲げ,現在の学界での評価も正確に記す必要があります。大野説が発表されたとき,言語学者村山七郎(1908-1955)が反駁し,両者の論争はしばらく続きましたが,現代の言語学では,この学説は,決して受け入れられていません。しかし,筆者は,高校生(1980年代の話ですが……)の頃,大野晋の文章(「日本語の起源―言語比較研究の面から」)が掲載されている国語の教科書(『現代国語3

二訂版』）を読んで，「母音調和」「上代特殊仮名遣い」という用語を初めて知り，日本語がモンゴル語と何らかの関係性をもつという考え方に影響をうけたことがありました。実は，そんな偉い先生の学説が間違っているとは，とても書けなかったわけです。この問題については，後でもふれますが，大胆な発想自体には価値があり，一定の評価をすべきだと思いますが，現代言語学の比較言語学的観点からは，認めることができません。この頃はまだ，批判精神などあるはずはなく，教科書には，間違ったことが書かれていないと信じていました。今でも，教科書に誰のどのような文を掲載するかという問題は，国語教育に携わるものにとって，本当に難しいことだと考えられています。なぜなら，学生にとって，教科書とは，バイブルのような存在であり，批判をもって読みこなすことが大変難しいからです。現代の国語教育の重要な課題は，「規範」からどのように解放されて，文章を読みこなすかということに集約できるかもしれません。大野（1999）には，『日本語練習帳』というベストセラーになった本も刊行されており，文章を書く上で大変参考になります。このような類の本が売れるのも，私たちは，正しい漢字の読み方はできても，正しい文章とは何か，洗練された文章とは何かという問題に常に取り組みながら，文章を書かなければならないからでしょう。

　最後に，筆者は，悩んだ末，次のような表現にしておいたことを覚えています。

　　　大野（1994）のタミル語説は依然として変わりがないが，言語学界では，いまだ認知されている状況にはない。

　また，本書では，もう一点問題がありました。それは，昭和 30 (1955) 年に，安田徳太郎（1898-1983）という医師が，日本語の起源がレプチャ語であるという大胆な説を唱えたことです。これは，『万葉集の謎』という本であり，当時の語源ブームの火つけ役にな

りました。安田は，その前年に，『人間の歴史』という著書を刊行して，ベストセラーになっています。しかし，このような説は，言語学界では，トンデモ学説と考えられ，実際には，日本語の起源として考えるには不可能といえます。

話がかなりそれましたが，ここで，Ｓの法則の説明をしていきたいと思います。法則といっても，内容は簡単ですし，これを知っておくと，漢字を読む上で，いろいろと便利なことがあります。

なお，日本語の起源については，拙著の第11章において詳しく述べていますので，関心をもつ方は参考にしてください。

【問題8】
　次の漢字の読み方を書いた後，ローマ字に直し，気づいたことを述べなさい。
　春雨

（答）
「はるさめ」　harusame

ローマ字化すると，haru と ame の間に s が挿入されていることが分かる。

解　説
　この漢字を分解すると，次のようになります。

春　＋　雨＝春雨
haru ＋ ame ＝ haru ＋ s ＋ ame

　このように，前項要素（ここでは「はる」）の末尾が母音で終わ

り，後項要素（「あめ」）が母音で始まるとき，この種のことば（「雨」にかかわることば）は，間にＳがきます。他の例として，霧雨「きりさめ」，氷雨「ひさめ」などの例がありますので，一度，ローマ字化して確かめてください。

ところで，このような例は，日本語学（国語学）の世界では，「音韻添加」という何やら難しい用語で呼ばれているのですが，筆者は，ここで，本当に，Ｓが後でついたのだろうかと疑問に感じたことがあります。なぜなら，日本語には，「さめざめと泣く」という言い方があるからです。例えば，「光る」という動詞は，上代以前は，「ぴかる」（現在のｈ音は，昔はｐ音であったことはすでに述べました）でしたし，これは，「ピカピカ」のような擬態語に由来すると考えられています。このような擬態語を起源にもつ語彙があることを考えますと，「さめ」ということばが先にあった可能性も否定できないのではと推測したことがあります。ただし，この点について明らかにするためには，類例を数多く掲げ，慎重に検討して考察しなければなりません。

なお，このＮの法則とＳの法則の例について詳しく知りたい方は，前著『ふしぎな言葉の学』と『なぜ言葉は変わるのか』を併読して，参考にしてくだされば幸いです。

また，本書を読んで，さらに詳しいことを知りたいと思った読者の方は，すでに日本語学（国語学）の研究の第一歩を踏み出しています。日本語学（国語学）の専門的な話に関心のある方は，「連声」「音韻添加」についてぜひ調べてみてください。単なる暗記に終わらず，ことばの醍醐味を味わう絶好の機会が訪れるかもしれません。

 ## 1-5　形声文字を利用する

これから挙げる漢字の問題は，実際に企業や大学入試で出題された問題です。

ちなみに，ある大学の学生に解いてもらったところ，正答率は非

常に悪い結果がでました。

しかし，ここで日本語学（国語学）の文字の特性を知っていれば，すぐに解答が分かります。学問的な知識を有していれば，このような実践的な漢字の問題も解けることがあるわけです。

【問題9】
①～④の漢字の読み方を書きなさい。
① 究明
② 一抹
③ 硝酸
④ 詭弁

(答)
①きゅうめい ②いちまつ ③しょうさん ④きべん

解　説

日本語の文字の種類には，「六書（りくしょ）」，すなわち，象形，指事，会意，形声，仮借（かしゃ），転注の六つのパターンがありますが，この中で，漢字の読みに最も役立つのが，形声文字です（形成ではありません）。

なお，形声文字の場合，基本的には，次のような構成をとります。

音符（音）＋意符（意味）

また，意符が分からないときでも，音符と考えられる文字の読み方を書いておけば，全体の読みになることがよくあります（時に，「百姓読み」と揶揄（やゆ）されることがありますが……）。もちろん，全ての形声文字にこの法則があてはまるわけではありませんが，知っているのといないのとでは，ずいぶん違います。

漢字テストの時間，テスト監督をしていると，学生の解答欄をみ

ながら、いつも思うことがあります。このような漢字の問題の読みの解答欄に何も書かないのは、もったいないとしかいいようがありません。入社試験や入試の問題でも、全問正解しなくても、7割〜8割程度（ちなみに、漢字検定2級の合格ラインは8割です）の答が正解であれば、まず合格できるのですから。

　なお、これもいろいろなパターンの分け方があることをぜひ知っておいてください。最も多いパターンは左右半分で分けることです。【問題9】の④の詭弁の「詭」なら、次のようになります。

詭弁　「詭」＝言（ごんべん）＋危「き」

他にも、上下、右上、右下、左上、左下などに分けてみて読むと、全体の読みになることがあります。

　例えば、架空の「架」を上下で分解すると、（架＝加＋木）となり、さらに加を左右に分解すると、（加＝カ＋口）になり、左上の読み方「カ」が全体の読みと同じになります。ここで、注意してもらいたいのが、一方の読み方が全体の読み方になるからといって、必ずしも形声文字であるとは限らないということです。ただ、知っておくと大変便利な漢字必勝法になります。【問題9】の①の「究」なら、上下で分割してみると、究＝穴（あなかんむり）＋九（きゅう）に分解できます。普段、何気なく用いている漢字にも、このような例が多く含まれています。

　国語学者の阿辻哲次（1951-）は、この形声文字について次のように述べています。つまり、7割がこの形声文字から構成されていると指摘しているのです。ここでは、少し、この箇所を引用したいと思います。

　七割以上を占める形声文字
　「百姓読み」という言い方は侮蔑的な意味あいがあるので、いまはほとんど使われないが、ここまで見てきたような慣用音が生まれるのは、漢字のなかには意味を表す要素と発音を表す

要素を組みあわせた形声文字が圧倒的に多いからにほかならない。

　小学校の国語の授業で漢字の成り立ちについて解説するときに，「日」や「月」「鳥」「田」「雨」などを例として，漢字のなかには具体的なものの形をかたどって作られたものがある事実を，あまりにも強調しすぎて教えるからだろう，漢字のほとんどはそのような象形文字であると考えている人が世間にはたくさんおられるようだ。しかし，実際には象形文字はあまり多くなく，七割以上が形声文字である。形声とは意味を示す要素と発音を示す要素を組みあわせる方法で，たとえば「譜」は《言》と《普》の組みあわせだが，《普》は意味を表さず，単に「フ」という音を表すだけに使われている。

　ただ形声文字に関する説明はともすれば無味乾燥に聞こえてしまうようだ。漢字の成り立ちについて興味を示す人の多くは，そこになにか「目からウロコが落ちる」ような面白くてユニークな説明を期待しておられることが多い。ある漢字の成り立ちをたずねられて，それは単なる形声文字で，意味を示す要素と発音を示す要素を組みあわせただけだと返事をすると，なぁんだ，つまらない，という感想が返ってくることが多い。しかしいかにつまらないといわれようが，形声文字は形声文字でしかありえないのであって，そこにふくまれている音符も意味を無理に考えると笑い話になってしまう。

　　　　　　　　　　阿辻哲次（2008）『漢字を楽しむ』より引用

 1-6　形音義とは何か：形・音・義

【問題10】
次の（　）に適当な文字を入れなさい。

漢字について，古くから「形音義」ということが言われているが，このことは，漢字に形態と発音と（　　）があることを言い表している。

(答)
意味

では，これから多くの問題を解いて，**漢字力**をどんどん身につけていきましょう。

2 漢字

 2-1 同音異義語

【問題11】
次のカタカナ語は,どの漢字を使うのが適当ですか。番号で答えなさい。

A:記録をコウシンする。
①行進 ②後進 ③更新 ④交信 ⑤亢進

B:責任をテンカする。
①添加 ②転嫁 ③点火 ④天下 ⑤転化

C:タイセイが判明する。
①体制 ②大勢 ③体勢 ④大成 ⑤耐性

D:シコウ力を養う。
①指向 ②嗜好 ③試行 ④志向 ⑤思考

E:比較タイショウする。
①対照 ②対象 ③大正 ④対称 ⑤対症

(答)
A:③, B:②, C:②, D:⑤, E:①

【問題 12】
次のA〜Eのカタカナの部分に該当する漢字を，①〜⑤から選びなさい。

A：政治にカンシンをもつ。
① 関心　② 感心　③ 歓心　④ 寒心　⑤ 甘心

B：内政にカンショウする。
① 観賞　② 鑑賞　③ 干渉　④ 感傷　⑤ 完勝

C：故郷にキセイする。
① 規制　② 寄生　③ 気勢　④ 帰省　⑤ 既成

D：表彰をコジする。
① 固辞　② 故事　③ 固持　④ 孤児　⑤ 古事

E：環境についてコウエンする。
① 高遠　② 好演　③ 公演　④ 後援　⑤ 講演

(答)
A: ①，B: ③，C: ④，D: ①，E: ⑤

【問題 13】
次の短文の「ハカる」に対応する漢字を一字入れなさい。

(例)　時間をハカ（計）る。

A　便宜をハカ（　）る。
B　升でハカ（　）る。

C 悪事をハカ( )る。
D 会議にハカ( )る。
E 距離をハカ( )る。

(答)
A 図　B 量　C 謀　D 諮　E 測
もし，答が分からない場合は，関連する熟語を思い出してみましょう。Cなら謀略「ぼうりゃく」，Dなら諮問「しもん」，Eなら測定「そくてい」等が考えられます。

次は，同音異義語の問題です。

【問題14】
「カテイ」，「タイショウ」，「カンショウ」の同音異義語を各々二つ挙げなさい。

(答)
カテイ　　　　仮定　家庭　課程
タイショウ　　対象　対照　対称
カンショウ　　干渉　観賞　鑑賞

解　説
　例えば，「カテイ」に該当する漢字を一つあげなさい，という問題ならそれほど難しくなかったことでしょう。二つは少し難しかったのではありませんか。ここでは，別の解答も想定して，三つの漢字を挙げておきました。
　実は，これまで挙げた同音異義語は，結構出題しやすい問題なの

です。むしろ，上記の「タイショウ」の漢字を使った，次のような例文を考えるほうが難しいかもしれません。

・言語学を研究対象にする。
・日本語とモンゴル語を比較対照する。
・数学は，左右対称の円に関する問題だった。

　カンショウには，干渉，観賞，鑑賞だけでなく，完勝，感傷，勧奨など実にたくさんの同音異義語があります。このような問題は，必ず例文とともに覚えておくことにしましょう。最近のパソコンの機能には，「カンショウ」と打っただけで，文字だけではなく，「カンショウ」の漢字にかかわるごく簡単な例文もみられます。そのような場合，簡単なものなら，その場で調べてみて，難しい場合は，辞書で必ず確認しておきましょう。

　少し話はそれますが，ここで，これから就職試験をうける人に対して，履歴書，エントリーシート，作文に関して注意すべき事項を説明しておきます。

　例えば，履歴書の趣味の欄に，「音楽鑑賞」という漢字を，「音楽観賞」と誤字を書いた人がいたとします。この間違った履歴書を提出した時点で採用されることはありません。たかが，漢字一字です。しかし，現実は，されど漢字一字なのです。パソコンを用いることが，半ば日常化した現代でも，就職試験は全て手書きです。このような誤りは，今後ますます増えていくことでしょう。

　本来，作文の就職試験などは，その書いた内容で判断すべきですし，多少の誤字は，どんなに偉い大学の教員であってもすることがあります。しかし，採用する側は，日本語学（国語学）の専門家ではありません。人事担当者の中に，日本語文章能力をつけてあげようと考えている寛容な人もいません。筆者自身は，正直に申し上げて，多少の脱字や誤字などの細かいことにこだわらないで，文章の内容に重点を置くべきだと考えています。しかし，現実には，学

生の手書きのレポートを読んでいますと,しっかりとした内容で構成されているにもかかわらず,誤字がきわめて多いことに気づきます。大学で,親切に添削をしてもらったことに慣れた学生にとって,特に注意しなければならないのは,**誤字**です。教員は,少しでも学生に洗練された文章を書いてもらいたいと願っていますが,企業の人事の方は,即戦力になる人材を採用したいと期待し,試験を実施するわけです。採用試験とは互いに真剣勝負の場です。もちろん,採用者側も,初めから落としてやろうなんて意地悪な気持ちがあるはずがありません。会社とは,あくまで利潤を追求する場であって,大学のような学問の真理を追究する場ではないのです。残念ながら,どんなに面接で自分のアピールができても,誤字一字で不採用になることもあるのです。

　以前,当時の総理大臣が漢字を読み間違え,そのたびに漢字のハウツー本がよく売れる現象が起きたことがあります。四字熟語の「朝三暮四」の意味を誤解していたとマスコミでも大きく取り上げられたこともありました。筆者自身は,レポートにおいても,あくまで内容重視の考え方ですが,現実社会においては,漢字の誤字だけで教養を疑われることもあるのです。

　漢字に関する考え方は,賛否両論あるかと思います。今から100年以上前,正確には,明治35(1902)年に,官制の国語調査委員会の委員が,漢字廃止論を前提として,仮名とローマ字のどちらが日本語の文字として相応しいか調査したことがありました。

　少し,実践的で現実的な話になりましたが,現在の学生は,そのような事実も踏まえた上で,漢字を用いることの意味について一度考えてみてください。

【問題15】
　次の( )には,シュウと読む漢字が入ります。( )に適切な漢字を入れなさい。

A（ ）合　B（ ）議院　C（ ）才　D　異（ ）　E（ ）理
F（ ）支　G（ ）知事　H（ ）派　I　報（ ）　J（ ）職

（答）

A　集　　B　衆　　C　秀　　D　臭　　E　修
F　収　　G　州　　H　宗　　I　酬　　J　就

　上記のような問題は，同音異義語ではなくて，同音異字語と呼んだほうがいいのかもしれません。

 2-2　呉音・漢音・唐音

【問題16】
　(A)～(C) の下線部と同じ読み方をする熟語を，1～5の語群から選び，数字で答えなさい。

(A)　解脱　1 正解　2 解毒　3 解釈　4 解凍　5 解党
(B)　行火　1 行進　2 行列　3 行動　4 行脚　5 行事
(C)　反応　1 応対　2 対応　3 供応　4 感応　5 応接

（答）
(A)　2　　(B)　4　　(C)　4

　(A)～(C) の中で，直接，呉音，漢音，唐音に関係がないのが，(C) です。これは，ローマ字化するとすぐに分かりますが，先述したように，「連声」という現象を起こしているため，次のような読み方になります。

反応(はんのう)[han + ou → han+n+ou → hannou]

　普段,よく使う言い方でも,このように連声という現象が隠れていることは,なかなか興味深いことです。もし,読者の方の中で,フランス語を学んだことがあれば,この変化が,フランス語のリエゾン(Liaison)と同じような現象だと気づくことでしょう。

　ここで,呉音,漢音,唐音のような漢字の読み分けについて,記述された文章を読むことにします。
　なお,本文は,金田一春彦(1913-2004)の『日本語の特質』から抜粋しました。

【問題17】
　次の文章の①〜⑧の(　)に入る読み方をカタカナで書きなさい。

　　元来,漢字というものは中国の文字でありますから,中国語を表すにはごく自然であります。日本でも,いわゆる漢語と呼ばれる単語は,もともと中国から渡ってきた単語でありますから,漢字で書けばぴったりです。たとえば,「愛」「挨拶」「哀願」「悪夢」……といったものは,もともと中国語でありますから,漢字で書いてもごく自然であります。
　　もっとも,日本に入ってきた中国語というものは,時代により違いがあります。その入ってきた時代に応じて日本では読み方を変えたりしますので,これがちょっと難しいことになります。たとえば「行」という一字は,「修行」というときは(①)と読み,「旅行」というときは(②)と読み,「行灯」では(③)と読みます。「修行」という単語は一番古く,飛鳥時代以前に日本に入ってきた言葉で,それに比べると「旅行」というのは奈良朝以降,「行灯」の(③)というのは鎌

倉時代以降入ってきたものです。日本人はそれを一つずつ違えて読むところから、日本の漢字の読み分けということが起こりました。

　ときには、同じ単語にもそのようなことが起こりまして、「再建」というのは、（④）とも読むし、（⑤）とも読む。「西ローマ帝国を（④）する」と言いますが、お寺などを建てなおす場合には（⑤）と言います。「和尚」という言葉は、禅宗とか浄土宗では（⑥）と読みますが、天台宗では（⑦）と読むことになっている。鑑真和尚のときは、（⑧）と読みます。このように日本に入ってから変わったのもあるので、「九郎判官（ホウガン）」と「小栗判官（ハンガン）」とは読み分けなければいけません。「大夫」と書きながら、ダイブと読むか、タイフと読むか、タユウと読むか、これは国文学者をわずらわせた話題でした。

　　　　　　　　　　金田一春彦（1991）『日本語の特質』より引用

（答）
①ギョウ　②コウ　　③アン　　④サイケン
⑤サイコン　⑥オショウ　⑦カショウ　⑧ワジョウ

では、上記の文章を参考にして、もう二題、呉音、漢音、唐音に関する問題に取り組むことにしましょう。

【問題 18】
　次の「　」の漢字で読み方の違う熟語を作ることができます。例を参考にして、熟語を三つ完成してください。

　（例）　「行」（行列）（ぎょうれつ）
　　　　　　　（行進）（こうしん）
　　　　　　　（行灯）（あんどん）

「明」　　（　　）（　　　）
　　　　　（　　）（　　　）
　　　　　（　　）（　　　）

(答)
（明星）（みょうじょう）
（明治）（めいじ）
（明朝）（みんちょう）

【問題19】
次の「　」の漢字には，読み方の異なる三つの熟語があります。例を参考にして，熟語を三つ完成させ，（　　）に，その読み方も書きなさい。

「行」行数（ぎょうすう）　行為（こうい）　行脚（あんぎゃ）
「経」　（　　　　）　　（　　　）　　（　　　　）

(答)
「経」経典（きょうてん）　経済（けいざい）　看経（かんきん）

　看経「かんきん」は，お経を読むこと（禅宗では，声を出さないでお経を読むこと）ですが，普段使いませんし，難しかったかもしれません。しかし，「経」の呉音，漢音が数多くの例があるのに対して，唐音は，これ以外には，なかなか例が見つかりません。覚えておきましょう。

2-3 対義語

日本語には,たくさんの対義語のパターンがあります。次の問題は,熟語全体として意味が反対になる場合です。

【問題20】

A～Hの熟語の対義語を漢字で答えなさい。

（例） 栄転⇔左遷

A 感情　　B 単純　　C 創造　　D 権利
E 拡大　　F 帰納　　G 悲哀　　H 具体

（答）
A 理性　　B 複雑　　C 模倣　　D 義務
E 縮小　　F 演繹　　G 歓喜　　H 抽象

次も,反対の意味をもつ熟語です。ただし,最初の漢字は,全て「コウ」と読みます。

【問題21】

次の漢字は,後に反対の意味がくる漢字が続き,一つの熟語を形成します。どのような漢字がくるのか,括弧の中のカタカナから選び,漢字に直しなさい。

① 広　② 高　③ 攻　④ 向　⑤ 功　⑥ 硬　⑦ 好

　　　［ザイ　ハイ　オ　テイ　キョウ　ボウ　ナン ］

(答)
① 狭　② 低　③ 防　④ 背　⑤ 罪　⑥ 軟　⑦ 悪

④の「向背」の意味は，従うことと背（そむ）くことを意味しています。「きょうはい」と呼ばれることもあります。

次の問題も，基本的には，【問題21】と同じですが，今度は「的」という漢字がつき，漢字一文字によって反対の意味になる場合を考えてみました。

【問題22】
例のように，下線部が同じことばになるような対義語の問題を考えなさい。

(例)（直）接的　⇔　（間）接的

A （　）観的　⇔　（　）観的　　B （　）対的　⇔　（　）対的
C （　）天的　⇔　（　）天的　　D （　）動的　⇔　（　）動的

(答)
A 主　客　　B 相　絶　　C 先　後　　D 受　能

次は，単純に反対の意味をもつ漢字が二つならび熟語を構成する例をみていきましょう。

【問題23】
次の語は反対の意味をもつ漢字一字を加えると，一つの熟語となります。（　）に適切な漢字を入れなさい。

①昼（　）　②加（　）　③苦（　）　④難（　）　⑤是（　）
⑥因（　）　⑦高（　）　⑧明（　）　⑨公（　）　⑩（　）昔

(答)
① 夜　② 減　③ 楽　④ 易　⑤ 非
⑥ 果　⑦ 低　⑧ 暗　⑨ 私　⑩ 今

では，この場合，両方の漢字を入れかえればどうでしょうか。昼夜はありますが，夜昼なんてことばはありません。しかし，「生死」と「死生」は入れかえることができます。ただし，生死観とはいえませんが，死生観はよく耳にします。この点についても，なぜそのようになるのか，できる限りたくさんの諸例を掲げて，一度考えてみてください。

次も対義語の問題です。

【問題 24】
日本語には，例のように，反対の意味をもつ漢字で構成された熟語があります。（　）に適当な漢字を入れない。

（例）強（弱）

①損（　）　②真（　）　③（　）醜　④長（　）　⑤善（　）

(答)
① 得　② 偽　③ 美　④ 短　⑤ 悪

では，次に初めの漢字一字が反対の意味をもち，後に同じ漢字がくる問題を挙げてみます。

【問題 25】
例を参考にして，（　）に漢字一字入れ，反対語を完成しなさい。

（例）赤字→（　）字　　答（黒）

> 1 絶対→（ ）対　2 楽観→（ ）観　3 主観→（ ）観
> 4 軽視→（ ）視　5 悪性→（ ）性　6 必然→（ ）然
> 7 直接→（ ）接　8 急性→（ ）性

（答）
1 相　2 悲　3 客　4 重　5 良　6 偶　7 間　8 慢

　本書では，「対義語」という用語を使っていますが，「反対語」という用語を使う場合があります。また，対義語といっても，単純にひとつのものに分類できません。なぜなら，表裏の場合は，表でなければ，裏ですが，大小の場合は，大きくないからといって，必ずしも小さいわけではありません。普通の大きさかもしれませんし，段階的な対義語といえるでしょう。対義語を考えるときには，どのような特徴があるのか考えてみましょう。

　今までの問題は，対義語に関するものでしたが，次は左右が同じ意味をもつ漢字の問題に挑戦してみましょう。

【問題26】
　次のカタカナの読み方で，左右同義の二字の熟語を完成させなさい。

1　タイダ（　惰）　2　ケイゾク（　続）　3　モホウ（模　）
4　ケンオ（　悪）　5　カンゼン（　全）　6　キョギ（　偽）
7　エンジョ（　助）　8　ユウシュウ（優　）

（答）
1 怠　2 継　3 倣　4 嫌　5 完　6 虚　7 援　8 秀

最後に，否定を表わす漢字を用いた問題をやってみましょう。

【問題27】
1〜5の（ ）に，共通する否定を表わす漢字一字を入れなさい。

1（ ）運　2（ ）満　3（ ）明　4（ ）利　5（ ）可

(答) 不

 2-4 四字熟語

【問題28】
次の四字熟語の（ ）に対立する意味をもつ漢字をそれぞれ入れなさい。
A 善（ ）善（ ）　B（ ）（ ）不覚　C（ ）名（ ）実
D 信（ ）必（ ）　E（ ）（ ）折衷

(答)
A 男 女　B 前 後　C 有 無　D 賞 罰　E 和 洋

ちなみに，Aの「善男善女（ぜんなんぜんにょ）」とは，仏教用語です。
次からは，少し凝った問題に挑戦してもらいます。まず，漢数字が入った四字熟語の問題をやってみましょう。

【問題29】
Ⅰ〜Ⅳには，二つの四字熟語がならべてあります。
（ ）のa〜fに適当な漢数字を入れ，四字熟語を完成させな

さい。
I (a)変(b)化   (a)差(b)別
II (c)難(d)苦   (c)転(d)倒
III (e)進(f)退   (e)期(f)会
IV 朝(g)暮(h)   再(g)再(h)

(答)
I   a 千   b 万
II c 七   d 八
III e 一   f 一
IV g 三   h 四

次も漢数字が入った四字熟語の問題です。上記の問題より少し難しいかもしれません。

【問題30】
次の四字熟語の（　）には，一～十の漢数字が入ります。それぞれ適する漢数字を答えなさい。

A （　）面楚歌　B 一石（　）鳥　C 八面（　）臂
D （　）里霧中　E 三拝（　）拝　F 二束（　）文
G （　）転八倒　H 岡目（　）目　I 十人（　）色
J （　）日千秋

(答)
A 四   B 二   C 六   D 五   E 九   F 三
G 七   H 八   I 十   J 一

解　説

Hの**岡目八目**とは，傍で状況を見ているほうが，客観的に判断できることを意味します。本来は，囲碁の対局をしている当事者同士より，傍で見ている人のほうが，八目先まで予想できることに由来する四字熟語です。

なお，このような覚えにくい四字熟語ですが，単に四字熟語の問題集で丸暗記するよりも，小説，随筆，エッセイなどの問題で，実際に使用されている例を参考にすれば，印象的なイメージが残ります。

英単語を覚える場合も，長文読解の問題に取り組むときに，本文にでた重要な語句を単語帳に記して，覚えておくと頭によく入ってきます。難しい単語がでてきても，「あー。この単語は，あの文章から出題されたものだな」と覚えられるからです。

上記に挙げた「岡目八目」ですが，実際に，次のような文章でみられます。

本文は，入試問題の頻出作家であり，英文学者外山滋比古（とやましげひこ）(1923-)の『忘却の力―創造の再発見―』から引用しました。

　　ぼんやりものを考えていて，客観ということ，客観ということばに疑問をいだくようになった。客観は本当に客観的でありうるのか，「一般的ないし普遍的なもの」（大辞林）ではないような気がするのである。

　　もともと，主観に対しての客観である。完全に独立して存在するように考えるのがおかしい。主と客とは，いくら自立しようとしてもなお，相対的で，互いに交流，影響し合うことを免れない。

　　囲碁での対局者はともに主，客の立場にある当事者であって，その場の作用から自由であることは難しい。そばで見ている人間には，対局者の見えないところが労せずして見えるから，岡目八目というようなことになる。さほど棋力のない人が

高段者の対局の観戦記を書けるわけである。

　アメリカの事件のニュースをアメリカのメディアで知るより，イギリスの報道の方がわかりやすく，正しいことがある。客観的であるより傍観的だからであろう。味方の情報より敵の情報の方が正確だという不思議なことがありうるのも，やはりいわゆる客観の限界を暗示すると云ってよい。

　第三者的立場の傍観が客観よりも客観的であることははっきりしている。しかし一般には，傍観は客観より信頼できない無責任なものとして軽んじてきたのは，どうして生じたのかわからないが，偏見である。

　外山滋比古（2008）『忘却の力—創造の再発見—』より引用

　上記の文章は，主観と客観という対立をこえたものとして，傍観という観点をとり入れ「岡目八目」という四字熟語の本質を捉えています。もちろん，作者は，この四字熟語を使うために，このような文章を書いたわけではありませんが，「岡目八目」という四字熟語の使い方がよく分かる文章です。四字熟語は，英語の単語を覚えるときと同様に，単にことば自体を覚えるのではなく，文脈の中で暗記しておくと忘れることはありません。

　本問題では，これからも何度か同じ熟語がでてきますが，その都度覚えていきましょう。

　では，次に漢数字を足して十になるような四字熟語を完成させましょう。

【問題 31】
　次の四字熟語の（　）に適する漢数字を入れなさい。ただし，Ⅰ〜Ⅲのいずれの場合も，（　）の合計が，十になるようにしなさい。

Ⅰ　（　）面楚歌　　（　）（　）五五

Ⅱ （　）朝（　）夕　四苦（　）苦
Ⅲ　朝（　）暮（　）　（　）石（　）鳥

（答）
Ⅰ　四　三　三
Ⅱ　一　一　八
Ⅲ　三　四　一　二

次は，身体名称に限定して考えてみることにします。

【問題32】
　例を参考にして，次の（　）に身体名称に関することばを入れて，四字熟語を完成しなさい。

　（例）徹（頭）徹尾「てっとうてつび」

① 危機一（　）　② 馬（　）東風　③ 厚（　）無恥
④ 異（　）同音　⑤ 切（　）扼腕

（答）
①危機一（髪）「ききいっぱつ」②馬（耳）東風「ばじとうふう」
③厚（顔）無恥「こうがんむち」④異（口）同音「いくどうおん」
⑤切（歯）扼腕「せっしやくわん」

　「切歯扼腕（歯ぎしりをして，腕を握りしめるほどの悔しい思いをすること）」なんていう日常使わない難しい四字熟語も，頻出する四字熟語といえるでしょう。この出典は，前漢の司馬遷の『史記』です。
　次も身体名称を含んだ四字熟語です。

【問題33】

次の四字熟語の（　）には，全て身体にかかわる漢字が入ります。適当な漢字一字を考えなさい。

① 面従腹（　）　② （　）尾一貫　③ （　）歯輔車
④ 羊（　）狗肉　⑤ 頭寒（　）熱　⑥ 明眸皓（　）
⑦ 抱（　）絶倒　⑧ 阿（　）叫喚　⑨ 内（　）膏薬

(答)
①背　②首　③唇　④頭　⑤足　⑥歯　⑦腹　⑧鼻　⑨股

では，次に，十二支に関する問題に挑戦してみましょう。ただし，今回は，ことわざも問題に含まれています。

【問題34】

次の問題は，十二支にかかわる四字熟語とことわざです。十二支に該当する動物は，一般的に〈　〉のような十二の動物のことを指しています。

では，この十二の動物は，①〜⑫のことわざや四字熟語のどれに対応しますか。〈　〉の中から選びなさい。ただし，最初の①の（　）には同じ漢字が入ります。

① 二（　）追うものは一（　）をも得ず。② （　）猿の仲
③ 窮（　）猫をかむ　④ 画（　）点睛　⑤ 九（　）一毛
⑥ （　）頭狗肉　　⑦ （　）鳴狗盗　⑧ （　）耳東風
⑨ （　）突猛進　　⑩ （　）視眈眈　⑪ 龍頭（　）尾
⑫ 意馬心（　）

〈　鼠　　牛　　虎　　兎　　龍　　蛇

馬　　羊　　猿　　鶏　　犬　　猪　〉

（答）
① 二（兎）「にと」追うものは一（兎）「いっと」をも得ず。
② （犬）猿「けんえん」の仲
③ 窮（鼠）「きゅうそ」猫をかむ
④ 画（龍）点睛「がりょうてんせい」
⑤ 九（牛）一毛「きゅうぎゅういちもう」
⑥ （羊）頭狗肉「ようとうくにく」
⑦ （鶏）鳴狗盗「けいめいくとう」
⑧ （馬）耳東風「ばじとうふう」
⑨ （猪）突猛進「ちょとつもうしん」
⑩ （虎）視眈々「こしたんたん」
⑪ 龍頭（蛇）尾「りゅうとうだび」
⑫ 意馬心（猿）「いばしんえん」

解　説

　なお画龍点睛の「睛」とは、（ひとみ）のことです。決して「晴」ではありませんので、注意してください。

　また、九牛一毛とは、多くの中のほんのわずかなことやささいなことを意味しています。

　次は、「同じ漢字を含む四字熟語」に関する問題です。

【問題35】
　次の四字熟語の（　）には同じ漢字が入ります。適当な漢字を一字入れなさい。
　①（　）業（　）得　　②（　）信（　）疑
　③（　）体（　）命　　④（　）承（　）承

⑤（ ）角（ ）面　⑥（ ）長（ ）短
⑦威風（ ）（ ）　⑧前途（ ）（ ）
⑨意気（ ）（ ）

(答)
① 自　② 半　③ 絶　④ 不　⑤ 四
⑥ 一　⑦ 堂　⑧ 洋　⑨ 揚

また，四字熟語の中には，下記のように，否定を意味する漢字を用いる例がみられます。なお，絶体絶命の「体」は「対」ではないので，書く場合には気をつけてください。

【問題36】
（例）を参考にして，（　）に否定の意味をもつ漢字一字を入れなさい。

　（例）前代（未）問

①優柔（ ）断　②前人（ ）到　③賛（ ）両論
④有名（ ）実　⑤浅学（ ）才　⑥厚顔（ ）恥

(答)
① 不　② 未　③ 否　④ 無　⑤ 非　⑥ 無
ちなみに，浅学非才は，浅学菲才とも書かれることがありますので注意してください。

【問題37】
（例）を参考にして，Ⅰ～Ⅴの（　）の中に，反対の意味の漢

字を入れて，四字熟語を完成しなさい。

(例) (弱) 肉 (強) 食

Ⅰ 針( )棒( )　Ⅱ 温( )知( )　Ⅲ 四( )五( )
Ⅳ 勧( )懲( )　Ⅴ ( )耕( )読

（答）
Ⅰ 小 大　　Ⅱ 故 新　　Ⅲ 捨 入
Ⅳ 善 悪　　Ⅴ 晴 雨

それでは，少し凝った四字熟語の問題をやってみましょう。

【問題38】
まず，①〜④の（ ）に該当する漢字を入れなさい。そして，それらの漢字を並べかえて，一つの四字熟語を完成しなさい。

① ( )触即発　② 一( )不乱　③ 七( )八倒
④ 危( )一髪

（答）心機一転
解答の構成は次のようになります。
　　心　機　一　転
　　②　④　①　③

では，次に，「ことわざ」もまじえた少し難度の高い問題に挑戦してみましょう。

【問題39】
　次の四字熟語やことわざは，元々は中国の古典を起源としています。この四字熟語の（　）に適当な漢字一字を入れなさい。そして，その中の漢字を用いて，また，別の四字熟語を一つ完成しなさい。

1　（　）網打尽　　2　傍若（　）人　　3　同工（　）曲
4　臨（　）応変　　5　（　）急存亡の秋（とき）
6　怒（　）天を衝く　　7　鶏口となるも（　）後と為る勿れ

（答）
1　一　2　無　3　異　4　機　5　危　6　髪　7　牛

別の四字熟語　→　危　機　一　髪
　　　　　　　　　5　4　1　6

　四字熟語は，入試問題，就職問題で必ずといっていいほど出題されます。今回は，同じ四字熟語も用いましたが，練習問題を何度も繰り返して，覚えてください。

2-5　ことわざ

【問題40】
　次のことわざの（　）には，〈月　火　水　木　金　土　日〉の中の漢字一字が入ります。（　）に適当な漢字を入れなさい。

1（　）暮れて途遠し　　2　烏の行（　）　　3（　）で鼻をくくる
4（　）事と喧嘩は江戸の花　　5（　）は天下の回り物

2　漢　字

6（　）夜に提灯　　　　　7（　）一升金一升

(答)
1 日　2 水　3 木　4 火　5 金　6 月　7 土

　上記に挙げた四字熟語には意味が分かりづらいものがあります。ここでは，その意味をあげておきます。もし，四字熟語の意味が分からない場合は，小型辞書か検索エンジンの辞書機能も活用して，その時に覚えるようにしましょう。

　なお，上記の四字熟語の難しい意味は次の通りです。

土（つち）一升金（かね）一升：土地の価格が非常に高いこと。
月夜に提灯（ちょうちん）：必要のないもの。

【問題41】
　次のことわざと似た意味をもつ文を，後のA～Eから選び記号で答えなさい。

1　河童の川流れ　2　渡りに舟　3　良薬は口に苦し
4　待てば海路の日よりあり　　5　先んずれば人を制す

A　善は急げ　　B　弘法も筆の誤り　　C　忠言耳に逆らう
D　闇夜に灯火　E　石の上にも三年

(答) 1B　2D　3C　4E　5A

2-6 「しりとり形式」の漢字

【問題42】
次の熟語は，後の漢字が次の語彙の最初の漢字にくるように並べられています。
（例）を参考にして，次の（　）に適切な漢字一字を入れなさい。ただし，あくまで「しりとり形式」ですので，最後に「ん」がつくと間違いになります。

（例）　国語　→　語(学)　→　(学)会　→　会(社)

1　算数　→　数(　)　→　(　)体　→　体(　)
2　理科　→　科(　)　→　(　)校　→　校(　)
3　社会　→　会(　)　→　(　)会　→　会(　)

（答）
1　算数　→　数(字)　→　(字)体　→　体(育)
2　理科　→　科(学)　→　(学)校　→　校(舎)
3　社会　→　会(議)　→　(議)会　→　会(社)

なお，次の場合は，会員「かいいん」が「ん」で終わりますので，誤答になります。

社会　→　会(議)　→　(議)会　→　会（員）

もちろん，（　）に適切な漢字が入れば，このとおりでなくてもかまいません。3なら，会（社）以外にも，会（報），会（食）でもかまいません。柔軟な発想で解いていきましょう。

【問題43】
（例）を参考にして，漢字二字の最後の平仮名が次のことばの

初めにくる「しりとり形式」の熟語になるように，漢字とその読みを書きなさい。ただし，最後に「ん」がつくと間違いになります。

(例) 国際（こくさい）→医療（いりょう）→売場（うりば）→場合（ばあい）

国際（こくさい）→　（　　　）→　（　　　）
→　（　　　）

(答)
国際（こくさい）→医学（いがく）→組合（くみあい）
→委細（いさい）

この場合も，いろいろな答の例があります。「しりとり形式」の熟語になっていれば問題はありません。

【問題 44】
日本語には，身体名称を用いた慣用句，ことわざ，四字熟語がみられます。次の1〜8に適当な漢字を一字入れなさい。

1（　）黒い　　2 明眸皓（　）　　3 蛇（　）　　4（　）寒足熱
5（　）も足も出ない　　　　6 馬（　）をあらわす
7 寝（　）に水　　　　　　8（　）八丁手八丁

(答)
1 腹　2 歯　3 足　4 頭　5 手　6 脚　7 耳　8 口

なお，2の明眸皓歯（めいぼうこうし）の「眸」とは，「ひとみ」のことを指しています。意味は，美しい眸と白く輝いた歯をもった人，すなわち美人のことです。

次に、おさえておきたい教養のあることばについて考えてみます。

2-7　おさえておきたい教養のあることば

まず、お祝い事を表わすことばに関する問題をやってみましょう。

【問題 45】

次のAからDの文は、お祝い事にかかわる文です。何歳の人に対することばなのか、［Ⅰ］から［Ⅳ］に適する漢数字を入れなさい。

A　喜寿とは、草書体の喜が［Ⅰ］に似た文字であったことから使われだした。
B　米寿とは、米の字を分解すると、［Ⅱ］になることから、［Ⅱ］歳の人を祝うことばとして用いられるようになった。
C　卒寿とは、［Ⅲ］歳の人を祝うことばであるが、これは卒の旧字体「卆」を縦から読むと、［Ⅲ］になるからである。
D　白寿とは、百の字から一を引くと、白となることから［Ⅳ］歳の人を祝うことばとして使われている。

(答)
［Ⅰ］　七十七
［Ⅱ］　八十八
［Ⅲ］　九十
［Ⅳ］　九十九

では、次にものの数え方に関する「助数詞」をみていきましょう。助数詞とは、次にくる事物によって数え方に変化がみられる用法です。ただし、助数詞は、非常にたくさんの数がありますし、一つの

事物に対して、助数詞が一つだけ、決まっているわけではありません。

例えば、以前は、一隻(せき)の船、一艘(そう)のタンカーという用法が一般的でしたが、現在では、船の大小にかかわらず、隻が用いられることが多いようです。

では、実際の問題に取り組んでみましょう。

【問題46】
a～hのものの数え方で（　）の中に適する語を［　］の中から選びなさい。

a　一（　）の豆腐　　　b　一（　）の和歌
c　一（　）の食パン　　d　三（　）の虎
e　三（　）の漢字　　　f　三（　）の国宝
g　二（　）の留袖　　　h　一（　）のぶどう

［　着　画　頭　房　首　丁　点　斤(きん)　］

(答)
a丁　b首　c斤　d頭　e画　f点　g着　h房

以下の問題は、「熟字訓」を含む漢字の問題です。いずれも、基本的な漢字ですが、頻出問題です。

【問題47】
次の漢字の読みを答えなさい。
ア　祝詞　　イ　山車　　ウ　田舎　　エ　海女　　オ　為替
カ　五月雨　キ　土産　　ク　寄席　　ケ　市井　　コ　建立

(答)
ア のりと　イ　だし　ウ　いなか　エ　あま　オ　かわせ
カ　さみだれ　キ　みやげ　ク　よせ　ケ　しせい
コ　こんりゅう

　このような通常読めない漢字は，大学入試や就職試験においても，必須の問題です。特に，注意しましょう。
　残念ながら，熟字訓については，暗記必勝法はありません。ただ，覚えてもらうしかありません。
　では，この章の最後に地名の問題をやってみましょう。ここでは，昔の地名に関する問題ですが，難読地名もよく出題されます。地元の地名がなぜそのような言い方になったのか，その由来を調べてみるのも楽しいものです。ただし，全ての地名の由来が，必ずしも，解明されているわけではありません。

【問題48】
　次の地名は，現在のどの都道府県に位置していますか。ⅰ～ⅴの地名の読みをひらがなで記した後，該当する都道府県名を書きなさい。

　　（例）　尾張（おわり）愛知県

ⅰ　山城　ⅱ　土佐　ⅲ　薩摩　ⅳ　讃岐　ⅴ　長州

(答)
ⅰ　山城（やましろ）京都府　　ⅱ　土佐（とさ）高知県
ⅲ　薩摩（さつま）鹿児島県　　ⅳ　讃岐（さぬき）香川県
ⅴ　長州（ちょうしゅう）山口県

　ここで注意する点は，上記に掲げた問題の地名は，現在の地名

とも一致していますが、必ずしも、現在の地名とは対応しない例もあるということです。ここが、難しい点で、この種の問題は、近江＝滋賀県など、比較的はっきりとした地名しか出題されないようです。なお、地名にかかわる問題は、難読地名が出題される傾向にありますが、現在の県名まで問うことは少ないようです。

　例えば、有名な京都の地名に、「物集女」や「一口」がありますがどう読むと思いますか？　それぞれ、「もずめ」「いもあらい」と読みます。なかなか地名は難しいものです。ちなみに、同じような読み方（ただし、「女」という漢字はありませんが……）をする学者として、明治時代に活躍した東京帝国大学教授物集高見（もずめ）（1847-1928）という国学者がいます。

　なお、私事ですが、筆者の故郷大津の「膳所」という地名も「ぜぜ」と読む難読地名ですが、この由来は解明されています。地名の語源を調べるのも、なかなか興味深いですが、ことばの語源を調べることも、楽しいものです。この点については、第11章「語源の話」で詳細に説明します。

　では、本節の最後に、少し難しい「文字の本質について」という話をしたいと思います。

2-8　文字の本質について

　まず、文字の本質にかかわる話をする前に、次の問題をやってみてください。

> 【問題49】
> 　私たちは、お寺の経典（例えば、「般若心経」（はんにゃしんぎょう））をみると、四角四面にびっしりと書かれた、その漢字の渦に自然と畏敬の念を抱いてしまうことがある。また、家の壁に貼られている漢字表記の「お札」に対しても、同様な感情を抱くことがある。

> なぜ，私たちは，文字に対してこのような心性を抱いてしまうのだろうか。その理由について，あなた自身の考えを述べなさい。

(答)
　重要なキーワードは，漢字が有する「文字の秘儀性」だと考えられる。「ことばはコミュニケーションの道具である」といわれるが，互いにコミュニケーションができないからこそ意味がある場合もみられる。この典型的な例がお経であり，整然と配列された漢字の渦が，見る人に対して，秘儀的なイメージを喚起させるのであろう。
　さらに，解しがたい経典のことば（音声）を，荘厳なお寺の中で聴いていると，意味が分からなくとも，そこに何か大切な意味が込められているように感じられるのである。
　以上のような点から，私たちは，文字に対して秘儀性という感情を抱くのである。

解　説

　上記の解答は，ほんの一例です。仏典の深い意味については，中村元・紀野一義（1960）の『般若心経・金剛般若経』を一読してもらえば，かなり理解できると思います。仏教では，「眼耳鼻舌身意」のことを六根と呼んでいます。すなわち，それぞれ，人間の視覚，聴覚，嗅覚，味覚，触覚，意識のことを指しています。筆者自身は，この場合，眼とは，人間の視覚のことを指し，「お経の四角四面に配置された文字」からうける視覚的イメージのことを表わしているのではないかと考えています。耳は，聴覚のことを示し，「意味は分からないが，否，分からないからこそ，何かそこにありがたい教えが込められていると感じながら，経典の教えを聴くこと」だと捉えています。鼻は，「お寺独特の心を静めるような匂い」のことを指し，身は，「自らの体をつかって有りがたい教えをひたすら書き

写し，声を出してお経を唱える」ことを表わしていると考えています。この際，その意味を，いちいち考える必要はなく，むしろ心を無にして，意識を集中しながら，眼前の作業に，全身全霊で打ち込むことが大切なのだと解釈しています。

　仏教学が専門ではない筆者にとって，このような解釈は間違いかもしれません。通常，人は，ことばを通して，はじめてコミュニケーションをとることができますが，仏教の教えはむしろ，何事にもとらわれない「空」の思想が重要であるとみなされています。内容を理解しながら聴くことを重要視しているわけではなく，むしろ，意味的解釈よりも，文字そのものから喚起される呪術的イメージの重要性について，理解することのほうが，はるかに肝要でしょう。

　なお，経典とは，元々は古代インド語（サンスクリット）の音に合う漢字を当てただけのものです。例えば，「般若」なら，能で使用される般若のお面とは何ら関係がありません。サンスクリットのプラジニャー「智慧」という音に近い漢字を当て，日本語で漢訳仏典を読んでいるだけです。最も有名な『般若心経』も，「人間には様々な欲望があるが，この欲望に対して智慧をもって超越して，……」という説明をはじめ，最後に，日本語で，全文を分かりやすく訳しています。今まで，何ら意味がないと思っていた経典が，日本語に訳してみると，すんなりと意味が理解できることが分かると，仏教のことばに全く関心がなかった学生たちも，ことばについてきっと関心を抱いてくれることでしょう。そのときに，「経典の意味さえ分かれば，夜中に部屋を暗くして，CDでお経を聞いてみても，ちっとも怖くありません。なぜなら，経典とは，今，説明したように，古いインドのことばに，漢字を当てて，それを，私たちが，日本語で読んでいるだけなのですから……」と言ったことがあります。ただ，一度，筆者自身も，夏の暑い夜に，一人でお経を聴いてみたことがありますが，経典の内容が分かってはいても，何か怖くなって，思わずスウィッチを切ってしまったことがあります。理屈では分かっていても，人の心性とは実に不思議なものです。ことば

と心の関係は実に面白いテーマなのですが，筆者は，もとより心理学の専門家ではありませんので，ことばと心の関係については，この程度にしておきます。いえることは，仏典は，その内容の解釈だけではなく，視覚，聴覚，嗅覚等，様々な人間の感覚，そして，ことばと心についての関係性について考える良いヒントになるということです。

　文字の秘儀性については，本来は，他の国の場合と比較すれば，さらに興味深い結果がでてくるかもしれませんが，この点については，民族学，宗教学，心理学の知識も必要となります。なお，この文字の秘儀性については，筆者（2000）の『ふしぎな言葉の学―日本語学と言語学の接点を求めて―』の第4章第3節「文字の秘儀性」において，詳しくふれておきましたので，ご参考にしてくだされば幸いです。

3　語種について

 3-1　和語・漢語・外来語・混種語

　日本語の語種は，概ね，和語（日本語本来のことば，大和ことば），漢語（中国語起源の語），外来語（英語，ドイツ語，フランス語等，様々な国から借用された語），混種語（和語，漢語，外来語が組み合わされてできた語）に分類できます。

　では，次に，和語，漢語，外来語，混種語に関する問題に取り組んでください。

【問題50】
外来語と漢語を組み合わせた混種語を二つ挙げなさい。
なお，二つの語彙の語種は，順不同とします。

　　（例）データ（外来語）＋分析（漢語）　　＝データ分析
　　　　　国際　（漢語）　＋センター（外来語）＝国際センター

（答）
プログラミング（外来語）＋言語（漢語）＝プログラミング言語
受信（漢語）＋メール（外来語）＝受信メール

　解答には，様々な例が考えられますが，上記で挙げた例以外でも，外来語と漢語で構成された語彙ならかまいません。

解　説

　ある大学の留学生の講義で，少し課題が多いかもしれないかなと思いながら，「言語学のテキスト中から，混種語（ここでは，外来語と漢語の組み合わせに限定する）を30個見つけなさい」という課題を出したことがあります。すると，10分もたたないうちに，解答を書いた学生がやってきました。彼の答案に書いてあったのは，当時，用いていたテキストの巻末に掲載されたインド・ヨーロッパ語族に属する言語をただ書き写しただけのものでした。その答案には，びっしりと，イタリア語，ドイツ語，スペイン語，フランス語……等，ほとんどの言語が書かれてありました。

　次の年には，「現在，使用しているテキストの中から，外来語を含んだ混種語を挙げなさい（ただし，類似した語彙は認めないことにする）」という課題に変えてみました。すると，今度は，解答に，「ヒフミ倍加説」と書いた学生がいました。「ヒフミ」とは，昔の日本語の数詞ですが，現在の学生にとって，カタカナで書かれたものは外来語という意識があったのかもしれません。また，「ヒフミ」がかつて数詞であったことを知らなかったという学生もいました。これは，カタカナが，全て外来語であると勘違いしたことと，「ヒフミ」ということばがすでに死語になりつつあるからでた間違いです。

　とにかく，このような課題をだした後，学生が気づいたことは，日本語には，数多くの混種語が使われているということでした。同時に，あることばに外来語（文字はカタカナ）が含まれることによって，いかにそのことばのイメージが変わるのか，という点についても考える良い機会になりました。これは，急速なIT化の波によって，日本語の語彙の中に，カタカナを用いた多くの外来語が浸透していったことと無縁ではないでしょう。

　ところで，世界には，約6000にも及ぶ言語（実際には，国家，民族，言語との関係性を考えると，本当の数を把握することは不可能なのですが……）が存在するといわれています。筆者は，その中の一つである日本語に，他の言語の音韻，語彙，文法と比べてみて，

際立った特徴があるとは考えていません。しかし，日本人が，普段の生活の中で，漢字，カタカナ，ひらがな，ローマ字といった多様性を有する文字を使いこなしている点については，特筆すべき事項であるとみなしています。

1905（明治38）年には，ローマ字を国字にしようとする人たちが大同団結して，「ローマ字ひろめ会」という大きな会を設立したことがありました。日本語関係の研究者だけではなく，様々な分野の当時の一流の学者たちや，政界，経済界の重鎮が参加しました。会長は，元老西園寺公望（1849-1940）が務めました。国語国字問題に関する詳細な説明は避けますが，この頃の人々が，いかに文字（この場合にはローマ字）に魅せられていたことが分かる証左になります。今の時代では考えられないことです。

和語，漢語，外来語，混種語の中でも，特に，日本語の場合には，和語や漢語と外来語によって構成された語彙がきわめて多くみられます。もし，疑問を抱いた人は，一度，大学で使っているテキストに，混種語がいくつあるのか，数えてみてください。

それでは，次に，この語種の変化に関わる問題に挑戦してみましょう。

【問題51】
日本語の語種には，本来和語であったものが，漢語で読まれるようになって成立した語彙がみられます。このような語彙は一般的に和製漢語と呼ばれています。

それでは，例を参考にして，元々は和語であったカタカナを漢字に直し，その読み方を（　　）に書きなさい。

(例)
カヘリゴト［和語］　→返事（へんじ）［和製漢語］

［和語］
〈　デバル　　ココロクバリ　　オホネ　　ヒノコト　〉

3　語種について　　**59**

（答）

和語		和製漢語
デバル	→	出張（しゅっちょう）
ココロクバリ	→	心配（しんぱい）
オホネ	→	大根（だいこん）
ヒノコト	→	火事（かじ）

　ここで重要な点は，なぜ和語が漢語に変化したのか，という問題です。この理由の一つとして，漢字という文字が変化の牽引役になったことが考えられます。つまり，漢字という文字に支えられた漢語自体に威信（プレステージ）が感じられたからだとみなすことができるということです。

 3-2　語種のイメージ

　次に語種のイメージに関する問題について考えてみましょう。

【問題52】
　日本語の語彙が変化する要因として，より洗練されたイメージをもつことばに変わることが考えられます。特に，日本語の場合，次のような変遷を辿ることが多いようです。

　和語　→　漢語　→　外来語
では，具体的にどのような例があるのか，答えなさい。

（例）
　　和語　　　　　　　漢語　　　　　　　　　　　　外来語
長屋（ながや）→集合住宅（しゅうごうじゅうたく）→アパート

> (答)
> 和語　　　　　漢語　　　　　外来語
> 宿屋（やどや）→旅館（りょかん）→ホテル

解　説

　上記の例は，あくまで参考とするべき典型的な語彙ですので，もっと別の解答例も考えられます。最近の職業の呼称においても，従来の言い方を改めて，外来語を使う場合が増えています。

客室乗務員　→　フライトアテンダント（ただし，和製英語）

　日本語，否，ことばにとって，語感は重要です。「美しいことばなどはない」と言語学者の先生にいわれても，確かに，私たちは，このことばは，良いことばだな（実際には，良い響きのすることばだな）と感じることがあります。金田一春彦（1988）は，『日本語 上』の中で，濁音ではじまることばに良いイメージがないのは，次のような理由があるからだと述べています。なお，下記の文では，二箇所，該当する文を掲げておきました。

　例えば，サラサラ→ザラザラ，コロコロ→ゴロゴロなどがそれに該当します。

　これは，濁音ではじまる言葉は古く方言にのみ見られ，それを卑しむ気持ちが作用したものと想定される。

　後述しますように，語感は単に聞こえがいいとか悪いだけでなく，販売商品の「企業戦略」にも大いに利用できるかもしれません。聴覚的な面だけでなく，視覚的な面，例えば，同じ音であっても，漢字で書けば堅い印象を与えても，かなで書けば，柔らかなイメージが生まれることがあります。同じ商品であっても，ずいぶん違う

イメージを抱くことがあります。

　IT時代の現代は，まさに聴覚から視覚重視の時代へと向かっているといえるでしょう。しかしながら，筆者は，肥大化した視覚化による，現実逃避したインターネット社会は，ヴァーチャルな世界を生みだすだけで，仮想現実が，あたかも現実世界であるかのような錯覚に陥ってしまう危惧を感じずにはいられません。精巧に制作された3Dのスクリーンの世界は，眼前に幻想（イリュージョン）の世界を現出させることができますが，夢を与えるファンタジーの世界を描き出しても，それは，決して現実の世界ではないのです。

　少し話が別の方向へいきましたが，文字の多様性は，今後の言語学，脳科学の研究にも大いに活用できる学問分野といえるでしょう。

　例えば，「ことば」という文字なら，次の四通りの書き方があります。

ことば　言葉　コトバ　kotoba（KOTOBA）

　もちろん，音は同じですが，文字のイメージはずいぶん異なります。最近は，特に，カタカナ，ローマ字などを巧みに使った歌詞が実に多くなっています。歌詞を大事にしない最近の歌手は，日本語を破壊する輩（やから）だと批判する人もいますが，使い方によっては，きわめて効果的な働きをすることがあります。

　ちなみに，言語学者田中克彦（1934-　）は，『ことばとは何か ― 言語学という冒険 ―』で，次のようなことを述べています。

　　　「ことば」は，フランス語のラング，ドイツ語のシュプラーヘなどと同様，あくまで一つの概念であるから，その意味もまた単一のものとして示したいのである。ことばを，「言」の「葉っぱ」などと二つに分けて示すような，品の悪いことはしたくない—私はそのような無感覚に耐えられないからである。こころある言語学者はみなそのような思いであろう。

　　　小林英夫は，その著作の中で，だいたい「コトバ」とカタカ

ナ書きすることが多かったのも、そのような気持ちのあらわれにちがいない。かれは、セイタカアワダチソウと同様に、学名、あるいは学術用語として用いることを示したかったのであろう。

　ここで、田中（2004）が挙げた小林英夫（1903-1978）とは、近代言語学の祖 F. de ソシュール（1857-1913）の『一般言語学講義』（当初は、『言語学原論』という書名でした）を、翻訳した言語学者として知られています。このように、無自覚に「言葉」という漢字を用いることに抵抗を感じる言語学者もいるわけです。実は、筆者も、今回は「ことば」という用語で統一することにしました。言語学、日本語学（国語学）を専攻するものにとって、この考え方が全て正しいとはいいきれませんが、本書に影響をうけたものとして、今回は一つの試みとして、「ことば」という表記に統一したわけです。
　では、再び、語種のイメージについて、考えてみたいと思います。先述しましたように、いまや、IT 時代を迎え、イメージ戦略が大変重要な分野になってきました。視覚化だけが肥大化しつつある現代ですが、聴覚も重要になってきます。響きの良い音、最近のお店には、意味は分からなくても、フランス語、イタリア語など多くの外来語が使われています。
　以前、大学院時代の指導教官と京都の街を通ったとき、すぐに先生は、ある店のフランス語で書かれた文字の綴りの間違いに気づかれたことがあります。有名なお店だったと思いますが、その店にとっては、フランス語の正確な綴り方より、フランス語らしくみえる文字のイメージのほうが大切だったのかもしれません。
　今後、経済的効果を考えるとすれば、企業は、音声学に熟知した言語学者を、企業にもっと採用すべきだと筆者は考えています。若者をターゲットにした商品開発を進めると同時に、その商品のネーミングにも、もっと時間をかけるべきです。少し解説が長くなりま

したが，それだけイメージは大切なものなのです。これは，何も経済だけの問題ではなく，これからの政治や政治家も，マニフェストに力を注ぐことも重要ですが，選挙の際には，イメージ戦略も大切な要素になってくることでしょう。

では，次の問題にチャレンジしてみてください。

【問題53】
　外来語は，日本語の音韻体系と同じではありません。したがって，外国語から入った借用語に日本語にはない音がある場合，表記上の違いがみられます。
　例えば，［v］のような音は，日本語にはないため，violin のような単語は，「ヴァイオリン」と「バイオリン」の二通りの表記が考えられます。あなたなら，どちらの表記を選びますか，また，その理由を述べなさい。

（答）
　表記　　　　　　　　　理由
バイオリン（実際の日本語の音声を重視したいから。）
ヴァイオリン（元の文字の音声を重視したいから。）

解　説
　ただし，日本人は，［v］と［b］の発音の違いが難しいために，元のスペルが［v］でも，ついつい［b］で発音してしまいます。上記の場合なら，おそらくほとんどの人が，バイオリンという表記を使用することでしょう。このような例は，時代によって変遷がみられることがあり，最近では，バカンスと表記されることばも，昔はヴァカンスという表記だったように記憶しています。音をとるのか，文字をとるのか，難しい選択です。『ローマの休日』な

ど数々の映画の主演女優として活躍したオードリー・ヘップバーン（1929-1923）も，音を重視すると，オードリー・ヘボンとなり，違和感を抱いてしまいます。なお，Hepburn という表記ですが，ヘップバーンもヘボン式ローマ字表記法で有名な J. C. ヘボン（1815-1911）も同じ綴り方です。

これまでは，語種のイメージの中でも，主に視覚の重要性について述べてきましたが，もちろん，聴覚からのイメージも大切です。以前は，ウラジミール・コンスタンチノビッチ　ジュラヴリョフ（1998）の『言語学は何の役に立つか─クロマニヨン人から遺伝子解読まで』という本もあったぐらい，言語学という学問は，いくら頑張っても，ノーベル賞もとれないし，これほど，社会に役に立たない学問はないと考えられていました。もちろん，筆者個人は，学問なんていうものは，別にビジネスに役に立たなくてもいいんだと開き直っていましたが，これが結構ビジネスにも役立つ可能性を秘めていることに気づきました。

例えば，先に述べた商品名。いくら中身がよくてもネーミングが良くなければ売れません。繰り返しになりますが，これからの企業は，音声学の専門家，脳科学の専門家に依頼して，イメージのよい響きにするためには，どのような商品名にすればよいのか，考えてもらうことも必要となるでしょう。言語学者は，「美しいことばはない」と考えますが，黒川伊保子（1959- ）は，『日本語はなぜ美しいのか』において，音と脳の関係性を唱え，感性に関する研究を進めています。また，このような研究を通して，企業のマーケティングにも積極的に取り組んでいます。この研究成果の是非については納得できるものばかりではありませんが，これまでとは別の観点から，ことばを捉えようとした点で注目できるでしょう。今後は，商品のイメージ戦略がいっそう重要視されることになると考えられます。

学問は実利に役立つ必要などないと考えている人もいるかもしれませんし，それは，それでもっともな意見だと思います。かくいう

筆者も，実は，大学院の修士課程の頃の専門は，仏典，しかも日本でも中国でも，サンスクリット（古代インド語）でもありません。14世紀のモンゴル仏典を主たる研究テーマにしていました。現在も，遅々として進みませんが，ずっと，このモンゴルの仏典研究は続けています。

　もちろん，時代の流れをみますと，今後は，学問といえども，実用と教養の橋渡しができるようなものが，求められていくでしょう。音声学の先生が，元号を決めるのに，なぜ言語学の専門家を入れないのかと，憤慨されていた本をずいぶん以前に読んだことがあります。確かに，「平成」もローマ字化すれば，Heiseiとなり，ドイツ語で読めば，「ハイザイ」となります。筆者も，もし「はいざい」と聞いた時に，音の響きだけなら，「廃材」を思い浮かべるかもしれません。

　また，日本語でも，決して「平成」はヘイセイと読まれることはなく，ヘーセーという発音になります。先ほどの外国人の読み方ですが，彼らにとっては，漢字，ひらがな，カタカナ，ローマ字の四つの文字で構成される日本語の文字を習得するのも，きわめて難しいと言わざるを得ません。国際化，英語重視の現在，国際化を今後さらに進めていくのであるなら，言語自体の論議だけではなく，日本語が，果してこのままの文字表記でよいのか，国家的規模で考えていく必要があるでしょう。およそ，百年余り前に，数多くの留学生が日本を訪れ，官制の国語調査委員会(現在の文化庁国語分科会)が，漢字廃止論を自明のこととして考えていた事実を，今一度私たちは想起しなければなりません。この問題に関して参考となる，比較的最近に刊行された著書として，評論家水村美苗（1951-）の『日本語が亡びるとき　英語の世紀の中で』，また，社会言語学者田中克彦（2011）のきわめてインパクトのあるタイトル『漢字が日本語をほろぼす』を挙げておきます。

3-3　省略語

【問題 54】
（例）を参考にして省略語を挙げ，省略語には，どのような言語特徴があるのか考えなさい。
　（例）　インフレーション　　　　　→インフレ

(答)
カラーコンタクト　　　　→　カラコン
カラーコピー　　　　　　→　カラコ

　日本語の省略語（もしくは，短縮語）は，概ね四拍で構成されるが，現在では，「カラコ」という三拍の用語もみられ，必ずしも，四拍とはいえない語も多くなっている。また，語頭部分が残るのは，元の省略語が容易に復元できるためである。省略語には，若者ことばも数多くみられるが，これは，省略語によって，互いの仲間意識を強める働きをするからである。

解　　説
　上記の答は，ほんの一例であり，別の解答もでてくる可能性もあります。なお，省略語（短縮語）とは，通常，日本語では四拍のことばに略されることが多いのですが，最近では，少し異なる例も多くみられます。また，このような現象が起こる原因ですが，言語学者アンドレ・マルチネ（1908-1999）の言を借りれば，「調音労働の経済性（すなわち，発音のしやすさ）」の観点から説明できます。つまり，短縮することで発音しやすくなりますし，時には，このような省略語が，仲間意識を強める働きもあるのです。

マツケンと聞けば，私たちの世代では，俳優松平健しか思い浮かびませんが，今の学生なら，松山ケンイチでしょう。

　昔なら，バンツマ（阪東妻三郎），チエゾー（片岡千恵蔵），エノケン（榎本健一），人気俳優は，いつの時代も四拍で省略される傾向にありました。ちなみに，エノケンと当時人気を二分した古川ロッパは，名前の省略ができなかったのか，ロッパと呼ばれていたようです。

　今の人にはなじみがないかもしれませんが，古川ロッパ（古川緑波）の祖父は，初代の東京帝国大学総長加藤弘之（1836-1916）です。

　なお，省略語（短縮語）については，まだまだ検討する余地がありますが，専門的な本を読みたい方は，窪園晴夫（1957-　）の『新語はこうして作られる』がお薦めです。

文 法

 4-1 品詞の問題

文法の説明に入る前に，まず次の問題の解答を考えてみてください。

【問題 55】
次の文章を品詞分解しなさい。

新幹線　で　東京　から　大阪　まで　行き　まし　た。

（答）
新幹線　で　東京　から　大阪　まで　行き　まし　た。
名詞　助詞　名詞　助詞　名詞　助詞　動詞　助動詞　助動詞

解　説

　文法なんて聞いただけで嫌になる方。そういわずに，一度チャレンジしてください。

　文法の核となる品詞を忘れた方は，今から品詞名を明記しますから，それから判断してください。まず，自立語ですが，次のような品詞があります。順序は，筆者（2000）が品詞分類の図として書いたものを参照しました。学校文法の基本的な図を表わしたものです。

　次ページは，学校文法を品詞分類した図です。

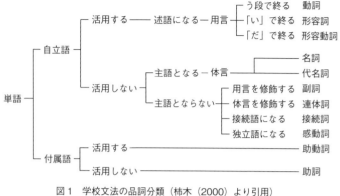

図1 学校文法の品詞分類（柿木（2000）より引用）

なお，文法の学説には，様々なものがあり，よく知られているものには，各々の名前（ここでは括弧で，文法学者の名前を記しておきます）を冠した橋本文法（橋本進吉），山田文法（山田孝雄），時枝文法（時枝誠記），松下文法（松下大三郎）があります。ただし，どの文法理論にも一長一短がありますから，現代の学校文法は，それぞれの学説を取り入れ，分かりやすくしたものと考えてよいでしょう。

では，参考のために，代表的な文法学者と品詞分類を挙げておきます。

橋本文法（橋本進吉）
動詞，形容詞，形容動詞，名詞，副詞，副体詞，接続詞，感動詞，助動詞，助詞

時枝文法（時枝誠記）
動詞，形容詞，名詞，代名詞，副詞，連体詞，接続詞，感動詞，助動詞，助詞

上記の品詞の捉え方をみれば分かりますが，橋本文法では，学校文法の「連体詞」がなく，代わりに「副体詞」という用語を使っています。一方，時枝文法では，学校文法の中の「形容動詞」が省かれています。これは，現代日本語教育における，イ形容詞，ナ形容詞という分類と似ていますが，実際には，形容動詞を，名詞と助動詞から成り立つものと判断したからだと考えられます。この点については，小池（1997）が詳細に考察しています。

　なお，文法といっても学校文法でも，覚えなければならないことが沢山ありますが，ここでは，できる限り分かりやすく解いていきましょう。

　まず，「新幹線」，これは明らかに名詞です。次の「で」ですが，このように名詞に続くのは，たいてい付属語です。では，付属語は二つしかありませんから，どちらでしょうか？　まず，「活用」のことを考えますと，活用すれば助動詞，活用しなければ助詞になります。

　実は，この「活用」という言い方がやっかいなのです。どうして，学問にかかわることばは，このようなややこしい言い方が好まれるのでしょうか。もちろん，伝統的な呼び方に倣（なら）ったに過ぎませんが，もし，難しい用語があれば，できるだけ簡単な呼び方に変えるべきだと筆者は考えています。

　この「活用」ですが，次のように覚えておいてください。

**活用する　＝もとの形，すなわち，辞書に書いてある形が変化
　　　　　　する。**
活用しない＝もとの形，辞書の形通りである。

　これだけでいいのです。留学生に日本語を教えることを，日本語教育といいますが，日本語教育の分野では，もとの形，すなわち，辞書に書いてある形は，このまま，「辞書形」と呼んでいます

　では，さきほどの文章の品詞の続きをみていきます。次の「で」

ですが，元の形が変わりませんから，活用しません。したがって，付属語で活用しない「助詞」になります。同様に，「東京」は名詞，「から」は「かれ」(「かれ」ということばはあっても，意味が変化します) なんて変わりませんから，同じく「助詞」。大阪は「名詞」，「まで」も元の形が変わりませんので「助詞」。

　それでは，次の品詞は，どうでしょうか。動作を表わし，ウ段で終っていますので，「動詞」です。そして，先ほどの説明からすると，辞書形「行く」が変化して，活用しています。もう少し分かりやすく説明しますと，まず「行く」をローマ字に直してみてください。すると，iku となり，ローマ字の u で終っていることが分かります。同様に，動詞の例を，思いつくまま挙げて，ローマ字に変えて，並べてみるとよく分かります。ここでは，「書く」「話す」「聞く」「読む」の動詞を挙げ，ローマ字に変えてみます。

「書く」　　「話す」　　「聞く」「読む」
kaku　　hanasu　　kiku　　yomu

　上記のように，全て u で終っています。これが「動詞」です。それから，動詞によく付着するのが，名の通り，動詞を助ける助動詞です。これも元の形は丁寧の助動詞「ます」の形が変化していますので，活用します。最後の「た」は，難しいかもしれません。例外なき法則はないように，この「た」は，形は変わりませんので，本来なら助詞ですが，ここでは，助動詞です。これを，過去の助動詞とみる人もいますが，筆者は，やはり「完了」の「助動詞」の「た」と解釈しています。元々は，皆さんが古典で習った「たり」が変化して，「た」だけになったと考えられます。

　高校時代の古典の授業では，「完了」の助動詞は，いくつあったか覚えていますか。「つ，ぬ，たり，り」と四つもあったでしょう。現代の日本語では，「完了」がなくなったわけでありません。元々，四つあったものが，非過去の対比として，過去の意味も含めた「た」

だけで表そうとしたために，無理がでてしまったと考えられるのです。

【問題 56】
次の 1～5 の助詞は，A～E のどの助詞に対応していますか，答えなさい。

1　彼は山田君です。
2　私が山本です。
3　雨が降れば，中止になります。
4　皆様，お元気ですか。
5　宿題は明日までに提出しなさい。

A　格助詞
B　副助詞
C　係助詞
D　終助詞
E　接続助詞

(答)
1 C　2 A　3 E　4 D　5 B

解　説

ところで，日本語に完了があったことは，すでに指摘しましたが，これに関しては，すでにきわめて詳細な研究がされています。関心がある方は，かなり専門的な本になりますが，寺村文法で知られた寺村秀夫（1928-1990）の『日本語のシンタクスと意味』を参考にしてください。

ところで，皆さんが，大学に入り，「日本語学概論」や「言語学

概論」の講義をうけて、まず驚くのが、高校までに学んだ「動詞、名詞、代名詞……」といった学校文法の品詞名ではなく、モダリティ、アスペクト、ムードといった文法用語が使用されていることだと思います。学校文法は、あくまで理解するために分かりやすくなっていますが、文法の本当の本質を捉えたものではありません。関心のある方は、ぜひ大学の「日本語学概論」や「言語学概論」の講義をうけてください。また、様々な外国語を学ぶことによって、自分の母語である日本語のことがよりいっそう分かります。

 4-2 ローマ字と文法

ここで、学校文法の「か、き、く、く、け、け……」という現代日本語の活用が、いかに無意味であるかという点について考えていきましょう。前にも、説明したように、仮名は音節文字ですので、基本的にCV(子音+母音)で構成されています。母音がV、子音がCで表わされるのは、vowel「母音」とconsonant「子音」の最初の文字をとって、名付けられているからです。

例えば、「か(カ)」という仮名は音節文字ですが、さらに分解すると、音素文字のkとaに区別できます。

先ほど、活用の話をしましたが、なぜ、現場の先生方は、このような学校文法の教え方にこだわるのでしょうか。中学から自らの母語である日本語の活用を教える理由の一つとして、高校になると、本格的に古典文法を理解する必要があるため、その前段階として活用形に慣れておく必要があることが考えられます。あるいは、このような活用形式を通して、自分たちが普段使っている母語(生まれながらにして、身につけたことば)の内省化が可能になるからだと考えられているのかもしれません。ただ、将来の古典の学習のために、中学時代に活用形を無理に覚えさせて、国語嫌いを増やすことはないかと筆者は危惧しています。また、母語の内省化については、大学に入って「言語学概論」の講義を真面目に受けていればす

ぐに理解できます。ただし，古典文法の場合も，ある程度，ローマ字は利用できますが，現代語と違って，覚える量が格段に多いために，活用形ぐらい（仮定形が已然形に変わるぐらいですから）は，早いうちに慣れたほうがいいという考えも確かに一理あります。

しかし，やはり，中学のときに活用形を，「未然，連用，終止，連体，仮定，命令」と呪文のように，順に丸暗記して，覚えていく必要はあるのかな，と筆者は些か疑問に感じることもあります。例えば，未然形なら，なぜ「〜だろう」という推量と「〜ない」という否定が同じ「未然形」に分類されているのか，疑問が生じるばかりで，覚えることに抵抗を感じる学生もいるかもしれません。

では，ここで活用形を覚える際に，最も重要な役割を果たすローマ字について，少し詳しく述べておきます。もちろん，前述したように，漢字を覚える場合にも，ローマ字は非常に役に立ちました。

ローマ字の表記法には，J. C. ヘボンによるヘボン式ローマ字表記法と，東京帝国大学教授で物理学者の田中舘愛橘（1856-1952）が考案した日本式ローマ字表記法が知られています。後に，ヘボン式は「標準式」，日本式は「訓令式」と名称が変更されますが，文字上の大きな違いはみられません。公的には，昭和12（1937）年に，内閣訓令として，日本式表記法に近いローマ字表記法が認められ，訓令式ローマ字表記法が決定されます。しかし，皮肉な話ですが，私たちの日常生活においてよく用いられているローマ字表記法は，当時の政府が決定した訓令式ではなく，ヘボン式なのです。

ここでは，この四つの表記法の成立までの経緯や煩雑な説明は省きますが，ヘボン式と日本式の最も典型的な異なる例をみてもらいたいと思います。

ヘボン式とは，ヘボンが編纂した『和英語林集成』を第三版まで改訂し，それが基になっていると考えられています。一概に，ローマ字表記法といっても，このように基本的には，四つの表記法があります。下記のタ行の表記法の例をみてもらえば分かりますが，ヘボン式は，音声重視，日本式は体系重視の表記であるといえます。

また，さらに後年，日本を代表する言語学者で東京大学教授の服部四郎（1908-1995）が，「新日本式ローマ字表記法」を提唱したことがあります。服部は，例えば，タ行に関しては，破擦音（破裂音＋摩擦音）になることを重視して，ci, cu という文字を用いましたが，一般的には普及しておりません。

タ行のローマ字表記法
ta　chi　tsu　te　to（ヘボン式ローマ字表記法）
ta　ti　tu　te　to（日本式ローマ字表記法）

では，下記の問題に答えてください。

【問題 57】
　動詞「立つ」の活用形を，全て，ヘボン式（標準式）ローマ字表記法と日本式（訓令式）ローマ字表記法に直しなさい。

	ヘボン式	日本式
立つ	tatsu	tatu
立たない（未然形）		
立ちます（連用形）		
立つ　　（終止形）		
立つとき（連体形）		
立てば　（仮定形）		
立て　　（命令形）		
立とう　（意向形）		

（答）

	ヘボン式	日本式
（未然形）	tatanai	tatanai

（連用形）	tachimasu	tatimasu
（終止形）	tatsu	tatu
（連体形）	tatsutoki	tatutoki
（仮定形）	tateba	tateba
（命令形）	tate	tate
（意向形）	tatou	tatou

解　説

　これをみれば分かるように，ヘボン式に比べ，日本式のほうが，はるかに体系的です。日本式の活用表記は，tat- を基調として，後続する母音が交替しているだけです。外国人がはじめて学ぶ日本語は，漢字，カタカナ，ひらがな，ローマ字という複雑な構成を有した「漢字仮名混じり文」であってはいけません。日本語教育にとって，大事なことは，せっかく外国からきて，日本語を勉強してくれるのですから，留学生にとって，学びやすいように工夫をしなければなりません。そういう意味では，日本式，そして，後に若干の改訂を経た訓令式ローマ字のほうがはるかに整然としていて学びやすいことが分かります。

　なお，このローマ字を用いた教授法は，留学生に日本語を教える場合にも，有効です。もっと知りたい方は，玉村文郎（編）『日本語学を学ぶ人のために』の「音声学と音韻論」を参考にしてください。専門的な内容ですが，外国人に日本語を教える上で，とても役に立ちます。

　ここで，ぜひ紹介したい学者に，元々は英語学が専門でありながら，訓令式ローマ字で独特の品詞分解を提示して，日本語文法を説明しようとした宮田幸一（1904-1989）がいます。彼の著書には，1948年に三省堂から刊行した『日本語文法の輪郭―ローマ字による新体系打立ての試み―』があります。これは，2009年に，くろしお出版から，同じ文法学者の鈴木重幸（1930- ）と仁田義雄（1946- ）が解題を寄せて，復刊をしています。比較的手に入りや

すいものですから,従来の文法論に辟易としていた人はぜひ一読されることをお薦めします。ここで,平成21(2009)年に復刊された宮田幸一の文法理論を紹介しておきます。かなり,特異な理論ですが,なかなか面白いので,参考のために挙げておきます。著書自体は,戦中に書かれ,戦後すぐに刊行されましたが,当時は,それほど話題なることもありませんでした。

　宮田は,ひと続きのことばの単位として語をみています。そのためには,ローマ字(特に訓令式ローマ字表記法)を使うのが最適であると考えたのです。

　例えば,「桜が咲きました」を,学校文法に基づいて品詞分解しますと,次のようになります。

桜(名詞)+が(格助詞)+咲き(動詞)+まし(助動詞)+た(助動詞)

　しかしながら,私たちは,このような品詞を一つ一つ考えながら,発話しているわけではありません。そこで,宮田は,ひと続きの単語を認めて,ローマ字で次のように表記しています。なお,宮田は,先述したように,ローマ字で説明する場合は,全て訓令式ローマ字で記しています。これは,この表記法のほうが説明しやすかったからだと考えられます。

Sakura　　ga　　sakimasita

　宮田の文法理論は,既存の品詞分解に留まらず,きわめて斬新な案を提案しています。ここでは,詳細な説明は省きますが,関心のある方は,ぜひ,宮田(2009)を参照してください。

　このように,ローマ字を使用した文法の説明によって,今後の学校文法がどのように変わっていくのか,注目したいところです。

　では,最後に,次の問題を考えてみてください。

【問題58】

ⅠとⅡのことばを訓令式ローマ字に直して,気づいたことを述べなさい。

Ⅰ 「暗い」「暮れる」「黒い」

Ⅱ 「知る」「白い」

(答)
kurai　kureru　kuroi
siru　siroi

Ⅰの場合は,kur-が語幹となり,後続する母音が交替(a〜e〜o)することによって,ことばのニュアンスが少しずつ変化している。

Ⅱの場合も,sir-が語幹となり,後続する母音が交替(u〜o)することによって,ことばのニュアンスが少しずつ変化している。

解　説

ⅠとⅡの場合も,漢字仮名混じりの熟語では,この音声の微妙な変化に全く気づくことはできません。しかし,ローマ字に直すことによって,上記の場合なら,共通した項があることに気づきます。Ⅰの場合なら,kur-が共通語幹となり,後続する母音が変わることによって,「黒い」(以前は「黒し」)という意味が変化しています。それは,あくまで「黒」という意味を基調としながら,ことばのニュアンスが分化しているかのようです。

また,Ⅱの場合なら,このままでは,両者の共通性に気づくことができません。しかし,ローマ字化すると,sir-という共通項が見つかり,後続する母音が変わることによって,「知る」(＝物事を明白にする)という動詞に派生したという考え方ができます。もちろん,このような説明に異論もでてくるでしょうが,ローマ字(訓令式,日本式)に直すことによって,共通項が見つかり,普段見過ご

していた，音の変化に気づくことができることがあります。
　日本語の文字体系の中で，ローマ字が最も音声を反映できるのも，このような説明からも首肯(しゅこう)できます。

5　正しい日本語とは何か

 5-1　誤った日本語

【問題 59】
次の言い方の正しい意味はどれですか。番号で答えなさい。

A　気のおけない人
① 気が変わりやすい人　② 気楽につきあえる人
③ 油断のならない人　　④ 気が変わらない人

（答）②

「油断のならない人」と思っていませんでしたか。答は，気楽につきあえる人です。気のおけない人とは，「互いに気をつかう距離を置くこと」がない人と理解しましょう。すると，答は，「気楽につきあえる人」となるはずです。

B　やぶさかでない
① 努力をしない　　　② 肯定するわけではない
③ ものを大切にしない　④ 努力を惜しまない

（答）④

Bの場合は、「やぶさか」の意味を捉えれば簡単です。「やぶさか」とは「吝嗇（りんしょく）」、悪くいえば、「けち」のことです。「けちではない」のですから、「……する努力を惜しまない」という意味になり、答は④になります。

では、もう少し問題をやりましょう。

> 【問題60】
> 次の下線部の用法の誤りを訂正して、全文を書きかえなさい。
>
> <u>情けは人のためならず</u>といいますから、今回は援助をいたしません。

> （答）
> **情けは人のためならずといいますから、ぜひ今回は援助をさせてください。**

解　説

　ここでも解答は、ほんの一例ですから、別の文章の解答もあると思います。「情けは人のためならず」とは、他人に情けをかけておくと、結果的に自分のためにもなるという意味です。しかし、この文は、「ならず」という否定の意味にひきずられて、「情けは他人のためにならない」と考えている人も多いことでしょう。そう思う人が多くなればなるほど、正しい（と考えられている）日本語が変化していきます。これは決して是非の問題ではありません。人がことばを使う限り、ことばは変化していきます。ことばが変化するのは、ことばの本質ともいえるのです。

　そして、そのことばが、権威ある辞書に掲載されると、ことばそのものが権威をもってしまうことがあります。

　では、次のような辞書に関わる問題を考えてみてください。

【問題61】

　現在，最も普及している辞書として，京都帝国大学教授で言語学者の新村出（しんむらいずる）（1876-1967）が編集した辞書を挙げることができます（2012年3月現在で第六版の改訂がされています）。では，現在，最も権威があると考えられている，この辞書の名前を漢字三文字で記しなさい。

（答）
広辞苑「こうじえん」

解　説

　辞書の詳しい話は第10章で述べますが，現在，『広辞苑』に掲載されていれば，正しいことばと考えられているようです。筆者の専門の一つに，「語源学」という分野があります。日本ではまだ，学問的に認められているわけではありませんが，上記の新村出も，語源に関する論文を多く残しています。以前は，たびたび，マスメディア関係の方から「語源」に関する質問をうけました。そのたびに，相手の方は，決まって「『広辞苑』には，……という語源であると書いてあるのですが，正解でしょうか」でした。番組制作者の側では，多くの研究者に連絡をして，確認をしているようですが，筆者も，できる限り協力して，調べてあげていました。しかし，語源の答は，いろいろな説がある場合がみられますし，本当にこうであると断定することは，実際にはなかなか難しいものです。確かに，編者の新村出は，『東亜語源誌』（とうあごげんし）という著書があるぐらい，語源に関する知識が豊富でした。しかし，あることばの語源が，辞書の記載通りであるとは必ずしもいえない場合もみられます。「語源学」は，人を引き付ける魅力のある分野かもしれませんが，まだまだ分からないことばの由来もたくさんあります。ここでは，比較的最近に刊行された語源に関する信頼できる辞書を挙げておきます。まず，前

田富祺（1937-）が監修した『日本語源大辞典』，そして，杉本つとむ（1927-）の『語源海』が，現段階において，最も信頼できる辞書といえるでしょう。いずれも，平成17（2005）年の同時期に刊行された辞書で，『日本語源大辞典』は，元々，『日本国語大辞典』の語源の項目をベースにしており，数多くの著者の意見が取り入れられている点で，信頼度の高い辞典といえます。

5-2　ことばの規範：「国語」という用語を巡って

では，ここで，ことばの規範に関する話をする前に，「国語」という用語について考えてみることにします。

「国語」とは，明治33（1900）年の小学校令施行規則によって正式に制定され，当時の「読書」「作文」「習字」の三つの科目が統一され，命名された教科目の名称なのです。

また，「国語」とは，「規範」と「変化」とのせめぎあいの学問といえるかもしれません。国語教育は「教育」という分野の範疇にある限り，本来は，学生の才能を「引き出す」ことに主眼を置くべきです。しかし，現在では，「国語」という科目が社会の規範を教えるという点に重点を置いていると感ぜざるを得ません。明治38（1905）年に，国語学の碩学上田万年（1867-1937）の後を引き継いだ東京帝国大学文科大学言語学科教授（現在の東京大学文学部言語学科）の藤岡勝二（1872-1935）という言語学者が，明治40（1907）年に，『国語研究法』という本を著していますが，藤岡はこの中で，「言語の本質は変化することにある」と喝破しています。

ところで私たちは，自己の研鑽を積むために学問をするというよりは，「世間」から笑われないようにするためには，どのような文章を書けばよいのかという点に関心があるようです。学問とは自己研鑽の場であるはずなのですが，なかなか教育の現場（実践）と言語学の理論，特に，ただ眼前の音声を記述していく記述言語学とは相容れることは難しいと言わざるを得ません。もちろん，この根底

には，日本人独自の「恥の概念」という感覚が染みついているのかもしれません。

歴史学者で一橋大学の学長であった阿部謹也（1935-2006）は，『世間とは何か』の中で，「世間」という用語と明治以降日本に定着した「社会」との関係を，ヨーロッパの文化と比較しながら，実に明確に論じています。一読の価値は十分にあると思います。

では，引き続いて次の問題を解いてください。

【問題62】
次の文章の下線部を正しい表現に訂正しなさい。

あの方は，取りつく暇がないほど忙しい。

（答）
あの方は，取りつく島がないほど忙しい。

解　説

ここで，気をつけなければならないことは，誤った意味を覚えている人が増えた場合，誤用が正解になる可能性があるということです。この場合も，現時点では，このような解答になりますが，未来永劫，そうであるかは全く保証できません。人がことばを使っているかぎり，意味の変化が生じる可能性は十分考えられます。ことばとその意味する内容とは決して不変ではないからです。

このようなことから，筆者は，「ことば」とは，人が話している限り，永遠に正しいことばなどは存在することはなく，現在，規範となっている正しい（と思われている）ことばにしたがっているに過ぎないと考えています。そんなことをいうと，「何が正しいのか分からなくなる」「日本語の乱れだ」というお叱りをうけるかもし

れません。確かにそうかもしれません。しかし，現実のことばは変化していくのです。筆者の専門は，「言語学」であると同時に，本務校では，「日本語表現」や「国語」という科目を担当しています。国語教育の現場で現在（いま）正しい（と思われている）用法も教えなければなりません。このような場合，確かに，規範的なことばを教えるわけですから，権威ある辞書，教科書，参考書などが頼りになります。ただ，現在，規範となっていることばも，かつては，若者ことばや地域方言であったかもしれません。当時の大人が批判したことばであった可能性もあります。世代間のことばの断絶は，時代が移り変われども，存在します。実際，鎌倉時代の随筆家吉田兼好（1283-1352）も『徒然草』の中で，最近のことばの乱れについて言及しているぐらいですから。

　筆者自身も，「言語学」という学問の理論を研究しながら，「国語」という実践教育の現場で，「正しいことばとは何か」「美しい日本語は何か」という問題を考え，日々悩みながら授業に取り組んでいるのが現状なのです。

　これから，大学で一般教養を学ぶ学生さんは，ぜひ，この点について考えてみてください。

　次に，規範的なことばの代表例である「敬語表現」を取り上げてみます。

 ## 5-3　敬　　語

【問題63】
次の文の下線部を正しい敬語表現に直しなさい。

Ⅰ　先生がこのようにおっしゃられました。
Ⅱ　よろしければ，頂いてください。
Ⅲ　先生，来週の日曜日に研究室に行きますか。

（答）
Ⅰ 先生がこのようにおっしゃいました。
Ⅱ よろしければ，召し上がってください。
Ⅲ 先生，来週の日曜日に研究室にいらっしゃいますか。

まず，Ⅰは，「言う」の尊敬語が「おっしゃる」ですので，尊敬の助動詞「られ」がつくと，二重敬語になってしまいます。したがって，「先生がこのようにおっしゃった」で充分なのです。しかし，話者の立場からすれば，それでは，何か尊敬の気持ちが伝わらないのではないかと感じてしまうのかもしれません。現代の話しことばでは，二重敬語でもあまり違和感を抱かないことがあります。

Ⅱの場合なら，「食べる」の尊敬語が「召し上がる」ですので，解答の敬語表現だけで充分です。しかし，実際には，「召し上がる」と敬語表現「お……になる」が併用された，「賞味期限までに，お召し上がりください」といった表現のほうが，よく使用されています。正しい（と思われている）敬語と現実社会での用法が一致しない好個の例といえるでしょう。

なお，次のような丁寧の接頭辞も，一種の敬意表現と考えられます。

【問題64】
（例）を参考にして，後続する漢字を選び，記号で答えなさい。
　　（例）光臨「こうりん」

1 卑　2 高　3 拙　4 粗　5 令　6 尊　7 愚　8 寸
A 見　B 書　C 配　D 考　E 品　F 父　G 宅　H 嬢

（答）1A　2C　3G　4E　5H　6F　7D　8B

5　正しい日本語とは何か

なお，平成 19（2007）年 4 月 2 日に，文化審議会の答申として報告書が刊行されています。これによれば，敬語は，従来の尊敬語，謙譲語，丁寧語という単純な三つの分類ではなく，尊敬語(「いらっしゃる・おっしゃる」型)，謙譲語Ⅰ(「伺う・申しあげる」型)，謙譲語Ⅱ（丁重語）(「参る・申す」)型)，丁寧語(「です・ます」型)，美化語（「お酒・お料理」型）という五つの分類に変わっています。

6 日本語表現法

 6-1 短文の完成

【問題65】
次の三つのことばを使いながら短文を作成しなさい。ただし，三つのことばは順不同にします。

［変化　洗練　外来語］

（答）
（和語や漢語が外来語に変化するのは，外来語に洗練されたイメージがあるからだろう。）

解　説

ここでは，まず短文の練習をしてみましょう。長文の論文を書く場合は，まず短文を作成する力が必要になります。清水幾太郎（1907-1988）の『論文の書き方』にもあるように，まず，短文から長文へと文章を鍛えていくのが，文章の極意の一つといえるでしょう。1959年に刊行された『論文の書き方』は，現在も，版を重ねています。筆者自身は，清水のことばに対する見方に関して，必ずしも首肯できない点もありますが，ここでの主眼は，あくまで文章の読み方，書き方ですので，取り上げてみました。

先述したように，単なる短文を書くのではなく，あるキーワード

を使って，文章を作成して，長文につなげていきましょう。

では，次の問題を考えてみましょう。

> 【問題66】
> 次の三つのことばを全て使いながら一つの短文を作成しなさい。ただし，三つのことばは順不同にします。
>
> ［メール， 規範， 仲間意識］

> (答)
> ［若者がメールを使って絵文字，顔文字を使うのは，規範を逸脱することによって，仲間意識を強める働きがあるからだろう。］

解　説

　もちろん，上記以外の文章でなくても，三つのキーワードを使った短文であるなら問題はありません。

　最近，特に問題になっているケータイ，メールなどに関する用語にはぜひ注意してください。私事で恐縮なのですが，平成17（2005年）に，大修館書店の編集部の方から，『言語』（現在，休刊中）に「絵になった感動詞」という題で，執筆してほしいとの依頼がきました。平成16（2004）年3月号から8月号まで，半年間，『言語』のチャレンジコーナー（シニア用とジュニア用の問題を作成して，読者から送られる解答を成績評価して，解説をくわえるコーナーです）で，連載を担当したこともあり，喜んで引き受けたことがあります。ただ，正直，その頃には，メールはすでに若者の間でケータイの使用と同時に，かなり浸透しており，専門的な学術雑誌に，絵文字の入った「メール言語」のような内容を書いてよいものやら迷いました。結局，学生からのメールの文を収集して，その特徴をま

とめながら，なんとか書きあげたことがあります。まず，内容を三つの章にまとめ，はじめに，「感動詞」について文法的観点から説明をした後，次章で，実際の学生のメール文の実態を，具体例を挙げながら分析しました。そして，最後で，なぜ，若者たちが，メールの文において，このような規範を逸脱した文を書くのか，検討してみました。しかし，筆者の心配は杞憂(きゆう)に終わり，その後，メール言語の分析に関する研究は，ケータイが普及するにつれて，ますます進むようになりました。ちなみに，当時としては，このような文章は，珍しかったのでしょうか，筆者の文章は，平成19（2007）年度の筑波大学の入学試験にとり挙げられました。

　皆さんも一度チャレンジしてみてはいかがでしょうか。もちろん，筆者が書いたものが，必ずしも正しいわけではなく，さらに綿密な分析を試みる人がいることでしょう。

2007年度　筑波大学人文・文化（日本語・日本文化）学群
小論文 I
　次の文を参考に，①なぜ現代の若者は「絵文字・顔文字」を頻繁に使うのか，②「絵文字・顔文字」と漢字やひらがななどの文字との違いを比較し，③その比較を踏まえて，漢字やひらがななどの文字の代わりに「絵文字・顔文字」を使うことの長所・短所について，あなたの考えを1000字以内で書きなさい。
　注意1. 答案は横書きとし，1文字に1マスを使用すること（数字・符号なども含む）。
　注意2. 題目はつけないこと。

1　感動詞とは
　感動詞の意味と用法については，国語学者の間でも見解の相違がみられる。主要な文法学説を概観すると，山田孝雄は，感動詞を「副詞」の一部とみなしており，橋本進吉は「詞」の一部，時枝誠記は「辞」の一種と考えていた（築島裕『国語学』1965）。

このように，統一した見解はみられないが，本論では，専門的な文法学説に捉われることなく，辞書の説明を参考にしながら，「絵になった感動詞」について考えてみたい。

例えば，『明鏡国語辞典』（大修館書店）では，感動詞を次のように説明している。

> 品詞の一つ。自立語で活用がなく，単独で文になれるが，主語にも修飾語にもならないもの。話し手の感動を表す「ああ」「おや」「まあ」，呼びかけを表す「おい」「もし」「ねえ」，応答を表す「はい」「うん」「いいえ」，あいさつを表す「おはよう」「さようなら」など。間投詞。感嘆詞。

ここでは，この辞書の意味と用法を参考にしながら，感動，呼びかけ，応答，あいさつの順に分類してみたい。また，文例については，現代のコミュニケーションにおいて，重要な役割を果たしている携帯電話のメールを取りあげることにした。

さらに，現代の若者が頻繁に用いる「絵になった文字」（絵文字と顔文字）に着目し，絵文字の使用実態やなぜこれほどまでに感動詞に絵文字が用いられるのか，考察してみた。絵文字は，書き言葉と異なり，自らの心情をありのままに表現できることから，特に感情表現と関わりの深い感動詞や終助詞に用いられることが想定できる。

2 絵になった文字の実態

絵になった文字の具体例を挙げてみよう。絵文字と顔文字が，メールに占める字数が大きいことは，次の調査からも窺うことができる。18歳から20歳までの103人の女子学生に，実際にメールで使用した文をそれぞれ18（計1854）例あげてもらうことにした。その結果，顔文字だけの例が24.1％，絵文字だけの例が46％，顔文字と絵文字を併用した例が24.4％，いずれの文字も

用いない例だけが，わずか5.5％に過ぎなかった。特筆すべき事項は，どの絵文字や顔文字も単独で使用されることはなく，通常は，感動詞を表す言葉とともに用いられていることである。このようなメールの文章は，確かに規範的ではないが，発想を変えてみると，地方方言を含む話し言葉を書き言葉に具現化した点において，現代の「言文一致の変種体」といえるのかもしれない。

Ⅰ	感動
	1.	ひゃあ☆マジで!?
	2.	本間に!!!
Ⅱ	呼びかけ
	1.	お〜ぃ（・ω・）
	2.	なぁ♡♡
Ⅲ	応答
	1.	ふぁ〜い（＊＾∀＾＊）またメールするne☆☆
	2.	ほい☆またいろ②聞きに行くゎ
Ⅳ	あいさつ
	1.	ぉはょうございます（＊∀-）☆
	2.	ど〜も(^O^)

柿木重宜「絵になった感動詞」『月刊言語』34号64ページから65ページ挿入 〈2007年度 筑波大学入試問題より引用〉

 6-2 打つ文と書く文：メール言語

　若者の情報処理能力は，ケータイやパソコンが日常化した今日では非常に高度化しています。筆者は，巧みに絵文字や顔文字を使い分け，メールの文章を作り上げていく若者たちの感性の鋭さに大いに共感しています。しかし，残念ながら，現実には，大学のレポートや就職試験の小論文で，そのような文字を使えば減点どころか，礼儀を知らない学生だと思われ，すぐに不採用になります。した

がって，若者の感性を大事にしながら，今，正しい（と考えられている）文章の書き方を教え，場面に応じて使い分けるように指導する必要があります。

　また，このような絵文字，顔文字には，現代の若者の不安が隠れているのかもしれません。友人に誘われたとき，どうしてもいけない場合には，「すいませんが，用事があって行けません」という文ですむはずです。しかし，そのようなメールの文では，何かそっけない印象を与えてしまい，相手に不快感を抱かせたのではないかと不安に感じてしまうわけです。本来なら，絵文字や顔文字を使わずに，自らの感情を文章で巧く伝えることによって，日本語の文章表現が高まるはずなのですが，このような文字に依存するあまり，そうした機会を逸しているともいえます。確かに，メールは時や場所を選ばず，コミュニケーションができる便利なツールといえるかもしれません。ただし，規範から逸脱したメールの文字を使い，互いの仲間意識を構築していく若者たちの心性と，孤独を極端にまで怖れる若者たちの不安とは，表裏一体の関係にあることを忘れてはならないでしょう。

　また，文は，決して音を表わしてくれないために，その時の声色（こわいろ）まで再生することができません。したがって，それを補完するために絵文字，顔文字が使用されることが考えられます。いずれにせよ，<u>電子メールを用いた文は，あくまで「打つ文」です。原稿用紙に自ら考えたことを述べた文が，「書く文」なのです。この両者をしっかりと区別しておかなければなりません。</u>もちろん，人によっていろいろな考え方があるかもしれませんが，先に述べたように，筆者は，若者のメール言語自体が悪いとは決して思っていません。ただ，メール言語を使った文章を，フォーマルな場で使うことは，日常生活の上では，わきまえる必要を強調しているのです。レポートを読む人が，メール言語に寛容な言語学者ばかりならともかく，多くの教員が，最近の若者は，話しことばに近いメール言語と書きことばの違いを区別できないと嘆いています。このような現実を反映

してか，卒業論文や受験シーズンが近づくと，文章の書き方に関するマニュアル本が，書店のコーナーに所せましと置かれるようになります。大学の図書館では，前期・後期の終了時期や卒業論文提出の期限が迫ると，必ずといっていいほど，「レポート・論文の書き方」に関する本が貸し出されます。もちろん，こうした傾向はおそらくかなり昔からあったようで，元国立国語研究所所長の岩淵悦太郎（1905-1978）の『悪文』は，今も沢山の人に読みつがれ，何度も改訂されています。文章マニュアルというものは，実務文書のようなビジネスにかかわるものであれば，日時，場所，時間等の書き方が決まっており，これにそって書いていけば，決して他人に笑われることもなく，安心ができます。例えていえば，冠婚葬祭の儀式で，いろいろな礼法が決まっているのも，当事者にとっては非常に好都合なのです。なぜなら，決まった方法に従えば，恥をかくことがないからです。しかし，講義のときに，学生に「……について論じなさい」という題目をだすと，たちまち書けなくなる学生がいます。それは，文章能力がないのではなく，レポートを書くための文体に慣れていないだけなのです。また，文章は模倣ではなく（ただし，最初の準備段階ではまねをすることが重要です），自分の頭で考えたレポートや論文を提出しなければなりません。今の学生は，メール言語には慣れていても，自分で考えて書くことに慣れていません。「打つ」文章には慣れていても，「書く」文章には慣れていないわけです。

　コピーがない時代は，手で写しながら，優れた文章を自然に身につけていくことができました。筆者の大学院時代の指導教官は，ドイツ語の難解な本を借りた後，そのまま文章を書き写したと伺いました。その後，コピーが使えるようになり，便利になった半面，自分で写すことによって，体で覚えさせることはできなくなりました。そして，今はパソコンを駆使して，文章を速く正確に写せるようになりましたが，パソコンは，独創的な文章までは考えてはくれません。膨大な歴史小説を世に残した司馬遼太郎（1923-1996）が，

パソコンが使える時代に生まれていたとしても、今より多くの作品を残せたとは思えません。ケータイ小説は、気楽に読めるかもしれませんが、パソコンの普及によって、オリジナリティを要する優れた作品や、奇抜なストーリーが次々と生み出されるわけではないのです。

「打つこと」と「書くこと」、この両者は全く別物です。「打つこと」は、手段であり、「書くこと」とは、自分の頭で考えることです。両者を併用しながら、今後は、「書くこと」に慣れ、書く力を身につけてもらいたいと筆者は願っています。

では、次に、「比喩的表現」について考えていきます。

 6-3　比喩的表現

【問題67】
下記のように、日本語の文章では、直接的な比喩表現（例えば、「〜のような」）を使うことなく、比喩的な表現を使うことができます。（例）を参考にしながら、自分で文章を作成して、下線部の意味を［　］の中に書きなさい。

（例）
彼は四十歳になって白いものが目立ち始めた。
［白いもの＝白髪］

（解答）＿＿＿＿＿＿＿＿＿＿＿＿＿＿＿＿＿＿＿＿＿＿

（答）
明日は、絶対花見にいきましょう。
［花＝桜］

解　説

　比喩に関する用語には，「換喩」「提喩」と呼ばれるものがあります。(例)の「白いもの」には，たくさんのものが考えられますが，日本語を話す人には，「白いもの」といえば，わざわざ直接的に白髪といわなくても，「白いもの」で通用します。これも，一種の提喩であると考えてよいでしょう。同様に，解答例では，花見という表現を使っていますが，日本語を話す言語共同体では，花＝桜という表現がすでに，頭の中にできあがっています。もちろん，別の国の言語共同体では，このようにはいきません。花と表現としても，必ずしも桜とは限りません。

　身体名称を用いた問題は，前述しましたが，次は「比喩的表現」にかかわる慣用句です。

【問題68】
　私たちは，日常生活の中で，身体名称を用いたことばを使って，比喩的な表現を使うことがあります。1～4の身体名称を用いた文章を作成しなさい。

1　腹　2　手　3　足　4　頭

(答)
1　腹を割る　　2　手をひろげる　　3　足が棒になる
4　頭が痛い

解　説

　(答)は，ほんの一例ですので，これ以外の文章でも，用法が異なっていなければ，問題はありません。
　では，解答をみて，あることに気づかないでしょうか。この中

で，実際の動作として実行できるのが，2であり，現実にありえることが4（2は自発的，能動的な行動ですが，4は受動的です）。また，江戸時代のように，実際に切腹があった時代を除ければ，1は，現実離れをしています。3は，現実には，ありえません。このような表現も，よく分類してみると，実際にありえる場合とそのように感じる場合とで違う見かたもできるわけです。心療内科医の泰斗として知られた池見酉次郎（1915-1999）が，『心療内科』で，「断腸の思い」ということばを例にとり，本当に悔しい思いをした会社員の事例を紹介していました。ある問題で理不尽な対応をうけた会社員の腸をレントゲンで診断すると，本当に腸が断絶した状態にあったという話だったと思います。「断腸の思い」ということばができた頃には，もちろん，最新技術で臓器を診断することなどできなかったことでしょう。当時の人が，自らの痛みの経験を通して，このような比喩的表現を使ったことは驚くべきことといえます。

　上記の例のように，比喩の範疇をこえて，実際に起こることもありえるのです。

【問題69】
次に掲げる文はどのような比喩表現ですか。答えなさい。
例文は，Aが川端康成（1899-1972）の『雪国』，Bが国木田独歩（1871-1908）の『武蔵野』から抜粋しています。

A　君の目はふしあなだ。
B　時雨がささやく。木枯らしが叫ぶ。

（答）
A 隠喩　B 擬人法

本文中で，比喩的表現を巧みに取り入れると文章がいっそうひき

立つことがありますが，特に必要もないのに比喩的表現を使うと，かえってマイナスになる場合がありますので，注意しましょう。高尚な比喩的表現は文学者には必要かもしれませんが，実務的文書には適していません。

6-4　長文読解：実践的な読み方と書き方

よく，「起・承・転・結」という書き方が，文章構成法の見本だといわれますが，これは，元来，中国の文章の影響をうけた方法論です。日本でも，次のような歌（ちなみに，作は有名な頼山陽(らいさんよう)(1780-1832) といわれています）があります。

　京都三条糸屋の娘　　……起
　姉は十七，妹十五　　……承
　戦国大名弓矢で殺す　……転
　糸屋の娘は眼で殺す　……結

では，理想的な文章構成法とはどのようなものでしょうか。難しく考える必要はありません。次のような形式でいいのです。

$$\boxed{序論} \rightarrow \boxed{本論} \rightarrow \boxed{結論}$$

図2　文章の構成法について

そして，結論（私は…だと考える）を論証(ろんしょう)できるような具体的な体験（なぜなら…という経験をしたからだ）を書けば，読んでくれる人に対しても説得力があります。

では，もっと具体的な話をしましょう。

例えば，あなたが，どこかの企業の就職試験（作文）をうけるとします。そこで，「私は，何事も最後まで粘り強くやり遂げる自信

があり，人と人とのコミュニケーションを大切にします」と書くとしましょう。しかし，これを読んでも，面接委員が，本当にあなたが，チームワークを大切にする粘り強い性格かどうかは分かりません。そこで，本論の部分で，その裏付けになるような自分だけが経験した内容を書けばよいのです。もし，筆者が読んでいる側の立場なら，抽象的な内容よりも，具体的経験のある文章のほうが読んでいて，はるかに面白いはずです。

例えば，応募者が，バレーボールの主将として，チームをまとめてきたとします。そして，戦績なども自信があれば書いておけば良いでしょう。自分では，県大会で優勝なんて，あまりたいしたことはないと思っていても，人はあなたと同じようには考えていないのです。優勝は優勝です。そこで，採用者側は，この応募者は，学生時代，体育会系クラブで頑張ってきたから，体力面にも問題はなく，対人関係のコミュニケーションも円滑にできると評価してくれることでしょう。

後は，〈序論・本論・結論〉の形式面です。

例えば，400字詰め原稿用紙なら，序論は二行程度，結論は三行ほど，そして，本論を，この間に書けば，見た目もよくなります。就職試験の場合，見た目も重要なのです。業種によって異なるとは思いますが，ポロシャツとジーンズで面接に行って，お堅い業種で採用されないのはいうまでもありません。

とりたてて，難しいことではありません。形式と内容がまとまっていれば問題なく，良い文章を作成することができます。

ある先生から，「最近の学生はメールの絵文字を，レポートに書いていて，本当に腹がたったよ」という話を伺いました。どうも，作文に，絵文字，顔文字だけでなく，「……でしょー」と長音符も書いてあったらしいのです。

そこで，件(くだん)の先生に，「メールの文の長音符のことですか。それなら，百年以上前の東大の先生，当時は東京帝国大学という名前でしたけど，藤岡勝二(ふじおかかつじ)という言語学の教授も論文で使っていました

よ。ただ，正式のレポートに絵文字，顔文字を書くのは困ったものですね」と答えたことがあります。文字そのものが悪いというより，その文字が今の規範的な文字でないにもかかわらず，正式なレポートに，そのような文字を使ったことに原因があるわけです。ただし，この長音符「ー」，いわゆる「棒引仮名遣い」は，明治33（1900）年から，8年間，規範的な文字として使用されていました。この話が面白かったのか，テレビ番組の担当者に話したところ，その番組の司会者が，「東大の先生もなんと，こんな文字を使っていました（ヘェー）」と説明していたことを思い出しました。

では，次に，具体的に，文章の書き方を論じた評論を読んでみましょう。本文は，先述した清水幾太郎の『論文の書き方』から引用しました。

【問題70】
次の文章を読んで，[　Ⅰ　]，[　Ⅱ　]，[　Ⅲ　]に入ることばを考えなさい。

絵画の展覧会へ行くと，大きな部屋の真中の，採光の十分な場所に立派な油絵が並べられていて，その部屋の薄暗い片隅に小さなデッサンが並べられていることがある。デッサンの方へ近寄って眺めると，堅く握りしめた拳，少し左へ曲げた頸，何かを決意しているらしい男の口元……そういう部分の丹念なデッサンである。堅く握りしめた拳にしても，一枚や二枚でなく，何十枚もあることがある。会場に出品されなかったデッサンも沢山あるに違いないし，元来，デッサンが出品されるというのは，有名な画家に限られているのであろう。私は画家の生活というものを全く知らないが，美しい大きな油絵を描く前に，画家は何十枚も何百枚も地味な小さなデッサンを研究しているに違いない。私は，大きな油絵を見るより，小さなデッサンを見る方が好きである。それは，おそらく，私には絵画に対する本

当の興味がなくて，絵画を文章の世界へ引き入れて，特に文章の修業と結びつけてしまうからであろう。少し乱暴な言い方をすれば，あの短文というのは，特に，長い文章の前提としての短文というのは，絵画における小さいデッサンに相当するように思う。沢山のデッサンを研究してからでなくては，大きな油絵に取りかかれないように，短文の研究を十分に行ってからでなくては，長い文章は書けないように思う。[Ⅰ]を書くという練習を抜きにして，最初から大[Ⅱ]を書こうとする人をよく見かけるが，それは[Ⅲ]をやらないで，大きな油絵を描こうとするのと同じである。

清水幾太郎（1959）『論文の書き方』より引用

(答)
Ⅰ 短文　Ⅱ 論文　Ⅲ デッサン

解　説

　文章を理解する上で重要な点は，本文の重要なキーワードを探すことです。この場合は，対比と比喩を使って，短文と論文，デッサンと絵画を並べ，短文を書くことの重要性を読者に説いています。
　つまり，筆者は「文章を作成するためには，短文の練習は欠かすことができない」ということを理解させるために，デッサンと絵画という二つのものを比喩として表現しています。このような対比と比喩を使った語句がでる問題はたびたび出題されますので，注意しましょう。
　上記の文は次のような対比と比喩の関係にあります。括弧は比喩で表現した語彙です。

　短文（デッサン）　⇔　論文（絵画）

上記のように，比喩的な表現を用いながら，ⅠとⅡを対比させると，読者の理解がいっそう深まることがあるのです。

7 日本語の起源

  7-1 日本語と仏教用語：借用語について

　日本語の起源については，誰しもが関心をもつ話題だと思います。
　これまでも，数多くの碩学(せきがく)と呼ばれる言語学者たちが，日本語の起源（専門的にいえば，系統関係）を解明しようと試みてきました。
　それにもかかわらず，現段階において，全ての言語学者を納得させるような学説はありません。
　ずいぶん前のことですが，モンゴル語の中級程度の力を身につけたA君が，「先生，日本語のマンダラの語源を見つけました。モンゴル語の辞書を見ていたのですが，曼荼羅のことがмандал (mandal) となっています」と得意気に研究室に訪ねてくれました。なお，このмандал (mandal) という表記ですが，現在，モンゴルでは，古い縦文字に移行する段階にあり，縦文字は，文字と音が乖離(かいり)しています。一方，現代モンゴル語は，ロシア語で一般的に用いられているキリル文字に，若干の修正を加えながら，使用されています。
　では，次ページにモンゴル語の縦文字とキリル文字を使った現代モンゴル語を掲げることにします。モンゴルでは，自らの民族のアイデンティティを取り戻すために，この古い文字の復活を願っていますが，実際の表記が難しいために，年配の方はほとんど覚えておられないようです。
　なお，さきほどの話の続きですが，A君に，「なぜ，そう思ったの？」と尋ねたところ，「マンダラですよ。仏教語の。こんな特殊なことばが同じなのですから，モンゴル語と日本語とは起源が同じですよ。先生も『言語学概論』の講義で，日本語とモンゴル語が似

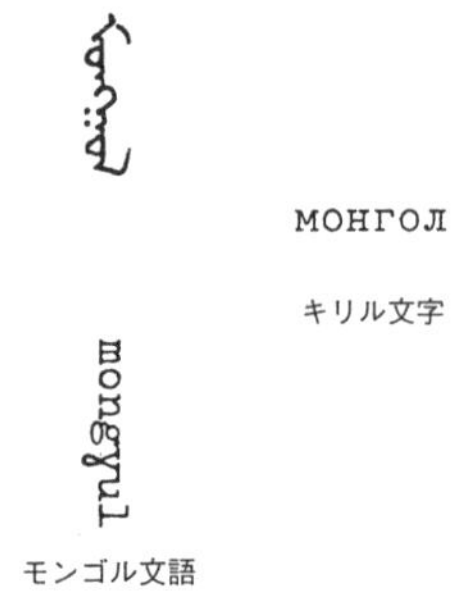

МОНГОЛ

キリル文字

モンゴル文語

図3　モンゴル語の縦文字とキリル文字（現代モンゴル語）の例
柿木（2003）より引用

ているとおっしゃったじゃないですか」

　A君との会話はそのような話だったと思います。

　さて，本当に，これだけで，モンゴル語と日本語は同じ起源だといえるのでしょうか。また，モンゴル語と日本語は，同じ起源なのでしょうか。皆さんは，どのように考えますか。

　本章は，実践的な内容というより，少し教養的な話になりますが，しばらくおつきあいください。

　日本語の起源に限らず，ある言語の起源を解明するためには，同系統と考えられる言語を想定して，比較言語学（comparative linguistics）的観点による語彙の音韻対応（sound correspondence）の一致が証明できなければなりません。ただ一つ，日本語と同じ起源であることが証明されているのが，琉球語だけです。

　現在，琉球語は日本語と同じ祖語から現在の言語へと分岐していったと考えられています。沖縄に行ってみると，その土地のことばを聞くとさっぱり理解できないかもしれませんが，以下のようなことが証明できれば，同系統であることが解明できます。

　ここでは，ごく一部の例だけに留めておきますが，次の表をみれば分かりますように，日本語と琉球語の単語の音同士が対応している場合がみられるのです。

単語	雲	鳥	羽	酒
日本語	kumo	tori	hane	sake
琉球語	kumu	tui	hani	saki

```
日本語  →  琉球語
 o     →   u
 e     →   i
```

図4　日本語と琉球語の単語が音韻対応する例

　では，本格的に，日本語の起源を調べたい人のために，もう少し説明を補足しておきます。

　まず，言語同士の親縁関係を証明するためには，借用語を排除して，できる限り，古い形を資料として用いなければなりません。日本語の場合なら，和語（大和ことば）が，同じ起源からきたものか調べる場合に，大変役に立ちます。

　上記に挙げた日本語の曼荼羅「まんだら」とモンゴル語のмандал［mandal］ですが，モンゴル語の最後の母音が脱落した以外の特徴を除けば，確かに意味と形はとても似ています。しかし，両方とも，仏教用語であることから，偶然の一致とは考えられません。

　それでは何かといえば,これは互いに借用語の関係にあるのです。つまり，二つのことばは，遡っていくと，サンスクリット（古代インド語）まで辿り着くことができるのです。

　なお,日本語の仏教用語は,元々はサンスクリット起源の語彙が,漢訳仏典を通して導入された借用語です。

　一方，モンゴル仏典の場合は，かなり複雑です。この形態は，古代ウイグル語仏典からの借用語彙です。末母音が脱落した古代ウイグル語mandalをモンゴル語がそのまま踏襲しているわけです。いずれにせよ，導入経路が異なるだけで，サンスクリット起源の借用語彙に変わりはありません。

7　日本語の起源

日本語にも，たくさんの仏教用語が入っています。

では，ここでたくさんの仏教にかかわる語彙の読みに習熟して，仏教用語を覚えていきましょう。日常生活の中で，私たちが，いかにたくさんの仏教用語を使っているのか改めて気づくことと思います。

【問題71】

次のA～Eの読みを書きなさい。

なお，どの語彙も元々は仏教語起源のことばです。

A 刹那　B 修羅　C 有頂天　D 精進　E 般若

（答）

A せつな　B しゅら　C うちょうてん　D しょうじん　E はんにゃ

このような漢字の読みは，普通に読むと間違いやすいので，仏教語独特の漢字は，入試問題や就職試験の一般常識には要注意すべき問題です。当たり前の読み方は出題されません。通常の読み方をしないからこそ，出題されるわけです。

では，同じく次の仏教用語の読み方はどうでしょうか。

【問題72】

AからIの漢字の読み方を書きなさい。

A 旦那　B 娑婆　C 涅槃　D 舎利　E 畜生
F 瓦　G 鉢　H 永劫　I 波羅蜜

> （答）
> A だんな　B しゃば　C ねはん　D しゃり　E ちくしょう
> F かわら　G はち　　H えいごう　I はらみつ

解　説

　先述しましたように，こういった漢字の読み方は，普通に読むと間違いやすい仏教語独特の漢字ですので，チェックしておきましょう。この中で，面白い例は，Iの波羅蜜です。元々，仏教語は，古代インド語のサンスクリットのことばが由来であるとみなされてきました。六波羅蜜寺で知られた「波羅蜜」ということばは，「波羅蜜多」の省略語（短縮語）であると考えられます。また，注目すべきことは，「波羅蜜多」は，元々は，サンスクリットの pāramitā が起源であり，この文字に近い音の漢字が当てられています。さらに，pāramitā は，pāram「悟りを開いた境地」と itā「〜に到る」に分析ができます。現代の私たちは，このような漢訳仏典を，意味も分からず，読んでいるに過ぎないのです。

　なお，このような外国語の音に漢字を当てただけであることを知っていながら，人は時に，漢字，すなわち文字というものに畏敬の念を抱くことがあります。難しい漢字で書かれたお札，さきほども述べたように，意味が分からないが，何かしら有難味を感じてしまうお経，なぜこのような心性になるのか，よく考えてみてください。

　これこそ，前述した「文字の秘儀性」の典型的な例ということができるでしょう。

7-2　日本語の起源は解明できるのか

　日本語の起源は，どのようにすれば分かるのか，何が分かると解明できるのか，という問題ですが，先ほど述べましたように，比較言語学的観点からすると，ある言語（ここではA言語とします）と，

同系統と考えられる可能性のある言語（ここではB言語とします）の語彙が，音韻対応すれば，両言語は，同じ系統であることが論証されると考えられています。ただし，実際は，このようにうまく対応するほうが珍しいぐらいなのです。サンスクリットや今は存在しないトカラ語（AとBの二つの言語が存在していました）などのアジアの言語からヨーロッパの言語を包み込むインド・ヨーロッパ語族が，かつて存在していたことが論証されていますが，このように，どの言語学者も納得できるような学説を導きだすこと自体，きわめて難しいと言わざるを得ないのです。

では，日本語の起源を解明するのは，全く無理なのか，何が問題なのか，ここで考えてみましょう。

まず，日本語の起源を調べるときに，しなければならないことは以下の(1)～(3)のようなことです。

(1) 偶然の一致を排除する。

英語の (I think so.) は，日本語では，「私はそう思います」と訳されますが，この場合は，英語のsoと日本語の「そう」は，ほぼ同じような発音をしますが，これは全くの偶然です。

また，有名な人称代名詞では，アラビア語の二人称代名詞のantaは「あなた」のことです。これを知ったからといって，用事もないのに，アラビア語の母語話者に，関西方言の「あんた」なんて呼びかけないようにしてください。

これまで，数多くの著名な言語学者たちが，日本語と朝鮮語，アイヌ語，モンゴル語，チベット語等との関係を唱えてきましたが，どれも成功しているとはいえません。

(2) 可能な限り，古い形を比較する。

さきほどの(1)の問題とも関係しますが，もし日本語と他の言語と比較して，その起源を解明しようとすれば，対象とする語彙は，できるだけ古い形でなければなりません。数詞，身体名称等が基礎

語彙として，比較対照されますが，日本語の数詞などは，比較的短期間のうちに変化したために，数詞が必ずしも基礎語彙として，使用できるかは疑問です。

　なお，既出した大野晋の日本語とタミル語の同系説が，現代の言語学界で，首肯出来ないのは，この点とも大いに関係しています。しかし，だからといって，国語学者大野晋が残した膨大な業績を全て否定するような短絡的な考えはやめましょう。編者の一人である『岩波古語辞典　補訂版』は，現在も日本語の古典を調べるときにとても役立ちます。ただし，この辞典には，日本語と朝鮮語の例が，同源であるかのように記述されている箇所がみられます。これは大野が，日本語とタミル語同源説を唱える以前に，日本語と朝鮮語とは，系統関係があると考えていたからでしょう。ここでは，詳しい説明は避けますが，サンスクリットとモンゴル語の仏教用語の中に，古代日本語と同源であるかのような記載がありますが，これは明らかに間違っています。しかしながら，語源説を除けば，大野の業績は，きわめて緻密な方法論で研究がなされています。

　ところで，できるだけ古い形をみつけるという点ですが，日本語の最も古い膨大な量の文献は，『記紀万葉』といえるでしょう。ただし，その成立年代ですが，『古事記』は712年，『日本書記』は720年，『万葉集』は，概ね同時代と考えられますが，この中には，かなり古い語彙や未だにその意味が判然としないことばもみられます。

　一方，インド・ヨーロッパ語族に関しては，紀元数千年前の文献が数多く残されています。この点においても，文字の問題も含めて，今後，日本において，古形が判明するような新しい発見はまず期待できないと言わざるを得ません。

(3)　方言を活用する。

　(2) の場合は，文献中心であり，時間軸の観点からの研究が中心になりました。では，これだけマスメディアが急速に発展を遂げた

現代ではどうでしょうか。現代の日本では，すでに方言は廃れてしまったのでしょうか。いえ，そのようなことは考えられません。昔のように，方言蔑視の時代と比べると，地域方言は，まだまだ健在です。方言調査を丹念に検討していくと，見方によっては，いにしえの由緒正しき都ことばが残っている地方もあります。文献学的研究に対して，こちらは空間的な観点からの研究になります。

図示すると，次のようになります。

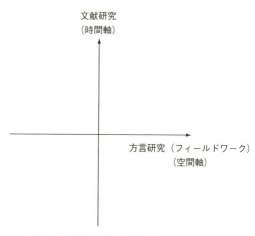

図5　地域方言の時間軸と空間軸

日本語の起源を解明する方法として，(1)〜(3)を挙げてみましたが，結論を申し上げますと，やはり日本語の源流を突きとめることは，難しいと言わざるを得ません。ただし，この打開策として，他の分野，例えば，脳科学，遺伝学関連の研究者と連携して，大きなプロジェクトを言語学者たちと取り組む必要があります。また，かつて言語年代学という方法論が提示されたことがありましたが，全く別の方法論を考える必要もあるかもしれません。

ここでは詳細な説明は避けますが，筆者は，現代の日本語の原形は，様々な言語との混交を通して成立したと考えています。この点については，また稿を改めて，学術雑誌に寄稿したいと考えていま

す。

いずれにせよ，日本語の起源を解明することは，かなり難しいといえますが，他の言語学者ほど，筆者は絶望的にはなっていません。今後の研究の進捗状況次第では，ある程度の研究成果を挙げることも不可能ではないと考えています。

では，今述べたことを踏まえて，次の問題に取り組んでください。

【問題 73】
次の1〜5の言語の中で，日本語と系統関係（日本語の起源）の可能性のある言語はどれか，番号で答えなさい。

1　ドイツ語　　2　フランス語　　3　モンゴル語
4　オランダ語　　5　中国語

（答）3

解　説

この中で，まず1のドイツ語は，インド・ヨーロッパ語族のゲルマン語派の西ゲルマン支派ですので可能性はありません。4のオランダ語も同様です。2のフランス語も，インド・ヨーロッパ語族ですが，イタリア語，スペイン語とともに，イタリック語派に属しています。なお，音声は多少異なりますが，スペイン語は，現代日本語と同じ，5母音ですが，これは全くの偶然です。5については，確かに，日本語は中国語から語彙の面で影響をうけましたが，同系統の関係にはなく，一般的には，中国語は，シナ・チベット語族に属していると考えられています。一時期，日本語との系統関係を指摘した言語学者がいたチベット語も同じ語族です。声調に関しては，確かによく似ていますが，筆者は，チベット語と日本語とは系統関係はないと考えています。

7　日本語の起源

最後に，モンゴル語ですが，これについては，明治41（1908）年に，先述した東京帝国大学教授で言語学者の藤岡勝二が，日本語とウラル・アルタイ語族の共通点を挙げ，その類縁性の可能性について言及しています。ただし，現代言語学では，ウラル語族とアルタイ諸語は区別されており，ウラル語族には，ハンガリー語，フィンランド語が属しています。アルタイ諸語には，モンゴル語，チュルク語（トルコ語も含まれています），満州・ツングース諸語がありますが，語族として成立するかは，全ての言語学者の一致した見解ではありません。ただし，1～5の中では，最も同系の可能性があるのは，3のモンゴル語だけです。

8 地域と社会にかかわることば

 8-1 地域とことば（地域方言）

　方言については，皆さん誰しもが関心をもつトピックのようです。これは自分の話す「ことば」が他者と違うだけではなく，どちらが優位な位置にあるか（もう少し専門的にいえば，威信があるか）ということによって，恥ずかしい気持ちになることがあるからでしょう。では，正しい「ことば」とは，どの国で話されていることばなのでしょうか。このような問をすること自体，「言語学」の分野では，愚問なのですが，しかし，理屈でそんなことをいわれても，心底，そのような気持ちになれるものではありません。

　もう25年以上も前の話ですが，筆者が，関西から上京して，東京の大学院に入った頃，人と話をするのも億劫なことがありました。しかし，当時の学生のほとんどが，地方からでてきた人だったのですが，なぜか故郷の方言を話そうとはしなかった記憶があります。

　今なら，バラエティー番組の影響でしょうか，関西方言のまねをされるほど市民権を得たようです。むしろ，方言を話すことによって，地域の人たちに好感をもたれるぐらいです。東京で「これホカシといて」（方言は基本的にカタカナで表記されます）といったら，「これ放火しといて」と聞き間違えられて，大変なことになったという話も聞いたことがあります。また，以前，「アホ」と「バカ」の境界について詳細に調査した番組がありました。マスメディアの力が強かったのか，数多くの回答が各地から寄せられ，かなり精緻な調査が行われたことを思い出しました。この内容は，当時の番組のプロデューサー松本修（1949- ）が『全国アホ・バカ分布考』という一冊の本にまとめています。

少し話がずれましたが，関連する内容として，皆さんが普段用いている「国語」という用語について，少し考えてみましょう。

　明治以降，政治の中心地が東京に移り，当初は「東京の教養のある中流階級の人の話すことば」（実に抽象的な表現！）が，理想的な標準語とされました。上田万年(かずとし)という東京帝国大学（今の東京大学）の教授が，百年以上も前に，ドイツに留学して，言語学を学んだ後，日本に帰ってきて，すぐに東京帝国大学の教授になり（この時，上田は27歳でした），「国語と国家」について講演をしました。ここにおいて，「国語」という学問の礎(いしずえ)が築かれたわけです。もちろん，東京といっても山の手のことばでしょうが，興味深いのは，ことばの体系，少し難しくいえば，音韻，語彙(ごい)，文法の体系の良し悪しが，標準語の基準にはならないということです。政治，経済，文化の中枢で話されることばが標準語に選定されるというきわめて言語政策的な意図があったことです。

　では，標準語圏以外の人々は，なぜ自分たちの母語（生まれたときに母から教えられたことば）を使うと恥ずかしいと感じるのでしょうか。これだけ，地域方言が市民権を得ても，いまだにこのような感覚がなくならないのは，なぜでしょう。ここで，「方言を話すと恥ずかしくなるのはなぜか，自分の考えを述べてください」という題のレポートを書いてもらうとします。

　このようなことをいうと何か解答がありそうでしょう。もちろん，筆者なりの考えはありますが，その答が絶対に正しいとはいえません。むしろ，学生の解答のほうが理に適っているかもしれません。それほど，標準語と方言との関係は難しい問題なのです。<u>もし，問題には，絶対解答が必要だといってきかない人は，受験勉強の害に毒されています。今から，学問とは，考えるプロセスにこそ意味があることに気づいてください。</u>

　では，次に方言の問題とかかわりの深い「恥の概念」について考えてみましょう。拙著『なぜ言葉は変わるのか―日本語学と言語学へのプロローグ―』で，筆者は，ことばが変化する大きな原因の一

つとして,「恥の概念」を挙げたことがあります。これに関連した問題をだしてみます。

> 【問題74】
> 次は,方言にかかわる有名な室町時代のことわざです。(　)にかな一文字を入れて,文を完成させなさい。なお,このことばは,有名なロドリゲスの『日本大文典』にも掲載されています。
>
> 京（　）筑紫（　）坂東（　）

（答）　（へ）（に）（さ）

解　説

このことばが,面白い点は,京都や九州の「へ」や「に」は,現在でも標準的な使い方をしますが,坂東の「さ」を使うと,何か下卑た印象を与えてしまうからです。しかし,このことばは,坂東武者ということばもあるぐらい,関東圏のことを指しているわけですし,現在の政治的中枢といえる地域のことばです。ただ,現代の日本語で,「私,東京さ行くよ」というと,何か恥ずかしく感じてしまうのは,本当に不思議な人の心性といえます。専門の言語学者でさえも,素朴な言語感覚をもっていれば,方言は笑われてしまいます。「……するべや」の「べ」には,いにしえの「べし」が隠れているなんて説明しても,大声で「するべや」なんて言われると,思わず笑ってしまうのは,異分子を排除しようとする人間の哀しい性かもしれません。

では,最後に有名な歌をあげておきます。場所によって,同じものでも言い方が異なる典型的な例です。

草の名も 所によりて かはるなり 難波の芦は 伊勢の浜萩

『菟玖波集』

 8-2 社会とことば（社会方言）

【問題75】
方言は，地域によることばの違い以外に，どのような属性によって使い分けられていますか。

（答）
年齢（幼児語，若者ことば，老人語），性別，職業などの属性によって使い分けられる。

上記の「老人語」のような言い方は，専門用語とはいえ，本当に語感が悪いことばといえます。また，幼児語，若者ことば，老人語のようなことばはあっても，中年語はありません。この年代層の人たちは，仕事ばかりで，自分のことばを考える余裕さえないのでしょうか。

次の問題は，ことばが，国家，民族といかに深く結びついているのか，詳しく述べた文章です。

【問題76】
次の文章を読み，①〜⑤に適切な語彙を入れなさい。

文は，概ね，音韻，形態，（①）によって構成されています。また，音声を記録するために，（②）を用いる民族もいます。ある国家では，国語と（③）が併用される場合もみられます。
日本語も，明治の曙光，初代文部大臣森有礼が，英語を国語に

> しようとする意見を提出しましたが，これは，実現することはありませんでした。また，ここで，重要な点は，②を有しているか否かは，文明のプレステージ（威信）と何ら関係がないということです。
>
> かつて北海道では，②を有しなかった（④）語が話されていましたが，独自の文化を形成していました。また，このような場合，生まれながらにして，④語を話していた人にとって，日本語とは，あくまで母国語であって，決して（⑤）ではありません。
>
> このように，言語，民族，国家とは，実に密接な関係にあると考えられるのです。

（答）
① 文法　② 文字　③ 公用語　④ アイヌ　⑤ 母語

ここで，重要な点は，「文字を有しているか否かは，文明のプレステージ（威信）と何ら関係がないということです」という箇所です。ずいぶん前に，中国からの留学生が，「文字をもたない人種がいるなんて信じられない」と驚いていたことがあります。文字を有することが当たり前の民族にとって，文字をもたない民族がいること自体が不思議に感じられたのかもしれません。

文字をもたない民族は，世界にも多くありますし，むしろ，もたない民族のほうが多いといえるでしょう。また，もっていたからといって文明度が高いとはいえません。

なお，社会にかかわることば，すなわち社会方言（社会的変種という名称もあります）には，ある一定の職業でのみ通用することばも含まれます。

次は，日本文化の象徴ともいえる伝統芸能を取りあげることにします。日本の伝統芸能には，様々な種類のものがあり，中には，現在,俳優として活躍している伝統芸能の役者さんもたくさんいます。

【問題 77】

室町時代に,『風姿花伝』,『花鏡』などで知られる世阿弥が父観阿弥と大成した伝統芸能は何か,番号で答えなさい。なお,この伝統芸能は,シテ,ワキ,アドといった独特の用語が使用されています。

①歌舞伎　②人形浄瑠璃　③能　④新国劇　⑤落語

(答)　③

解　説

　室町時代の第三代将軍足利義満 (1358-1408) の庇護のもと,元々は,「猿楽」と呼ばれていた芸を,「能」という芸術の域にまで高めたのが,観阿弥,世阿弥親子です。特に,世阿弥元清は義満の寵愛を深くうけました。現在も残る「初心忘るべからず」のような有名なことばも残しています。

　ここで,能楽のことを少し説明しておきます。能楽は元々,猿楽とよばれ,時の権力者たち,戦国時代なら,織田信長,豊臣秀吉,徳川家康等も観能するだけでなく,自らも,能をたしなんだと文献では残っています。本文中のシテ方とは,いわゆる主役のことであり,シテの語源は「なして」が由来であると考えられています。ただし,この語源説については,もう少し研究してみないことには,はっきりとしたことは分かりません。能楽には,「シテ方」以外にも,「ワキ方」「囃子方」「狂言方」という役割があります。また,「囃子方」も,さらに,「笛方」「小鼓方」「大鼓方」「太鼓方」の四つに分類できます。能楽には,各流派というものがあって,有名な「観世流」「金剛流」「金春流」「宝生流」「喜多流」などを挙げることができます。

　これまで伝統芸能を鑑賞した方の数は,おそらく圧倒的に歌舞伎

のほうが多いのではないのでしょうか。なかなか能楽にふれる機会はないかもしれませんが、気軽に伝統芸能にふれるのもいいものです。シテ方、ワキ方、囃子方、狂言方と地謡（じうたい）が、まるで一つのオーケストラの曲を奏（かな）でるように、一つの演目を上演するのは、秀逸（しゅういつ）です。

　若い人の中には、そんな古臭い演劇より現代劇の方が良いと思う人もいるかもしれません。しかし、現在、テレビなどのマスメディアや舞台で活躍している人の中には、歌舞伎役者九代目松本幸四郎（1942-）、弟二代目中村吉右衛門（1944-）がいます。数多くの歌舞伎役者が、テレビや映画でも活躍しています。狂言では、野村萬斎（1966-）、関西では、何といって茂山千五郎家一門の狂言が知られています。しかしながら、歌舞伎より200年以上前の歴史を誇る伝統の重みでしょうか。能楽師は、このようなマスメディアに、専門の能楽に関する番組を除けば、出演することができない不文律があるようです。やはり、芸術家は、芸のみに専念することが大事ということでしょうか。これも是非がつけられない問題です。かつての名優観世栄夫（1927-2007）は、テレビや映画でも、圧倒的な存在感を発揮しました。

　なお、前でも少し述べましたが、「美しい日本語とは何か」と問われれば、そのようなことばはないと言語学者なら必ず答えることでしょう。しかし、日本語学（国語学）を専門とする学者なら、長い歴史に耐え抜いたことば、つまり古典を挙げられるかもしれません。能楽には、古典を題材にした作品が数多く演じられており、日本人の心性のどこかに、このような芸術に共感する気持ちがあると考えられます。

　次に同じ芸術の分野として、日本文学について考えてみましょう。まず、日本で最も知られた芥川賞と直木賞に関する問題をやってみましょう。なお、芥川賞の芥川とは芥川龍之介（1892-1927）であることは知られていますが、直木賞も、小説家直木三十五（1891-1934）の名前に由来します。『南国太平記』という作品が、

当時有名になりましたが，現在では，彼の作品はほとんど読まれていないのが現状です。

なお，芥川賞も直木賞も通称名で，正確には，上述したように，芥川龍之介賞，直木三十五賞です。他にも，三島由紀夫文学賞，山本周五郎賞等，文学賞はいろいろありますが，ここでは，芥川賞と直木賞の話だけにしておきます。

【問題78】
織田信長が桶狭間での戦の前に，次のような謡いを演じたことが知られています。「人間五十年，下天の内を比ぶれば，夢幻の如くなり」ですが，これは能の演目にはありません。実際には，ある舞の中の「敦盛」という演目の一節を謡ったものですが，どのように呼ばれた舞のことですか。①〜④の中から選びなさい。

①京舞　②幸若舞　③狂言　④田楽

(答)　②

解　説

信長が好んだ謡いは，「幸若舞（こうわかまい）」と呼ばれた中世の芸能であり，能や狂言の原型と考えられています。ここで謡ったのは，「幸若舞」であり，現在も数は少ないのですが，その真髄は脈々と受け継がれています。もちろん，能も，この頃にすでに浸透しており，信長だけでなく，豊臣秀吉，徳川家康等，時の権力者たちが観能だけではなく，自らも能を嗜んでいます。

9 文学に関する問題

 9-1 芥川賞と直木賞

【問題 79】
 芥川賞を受賞した年度の作家と作品を，後の語群から記号で選びなさい。

受賞年度	作家	受賞作品
昭和三十年　（第三十四回）	（　　1　　）	（　太陽の季節　）
平成八年　　（第百十六回）	（辻　仁成）	（　　2　　）
平成十五年（第百三十回）	（綿矢　りさ）	（　　3　　）

A 海峡の光　　B 家族シネマ　　C 蹴りたい背中
D インストール　　E 開高健　　F 金原ひとみ
G 石原慎太郎　　H 村上龍

(答)　1 G　　2 A　　3 C

解　説

　就職試験の時事問題なら，やはり，当該年度の芥川賞，直木賞の作家と受賞作品はおさえておきたいものです。特に，今年話題になった作家などは要注意です。それから，著名な作家の生誕を祝った年は，大型書店にコーナーまで設けられることがあります。ちなみに，平成 21 (2009) 年は，生誕百年を迎えた作家に，太宰治（『走

れメロス』），中島敦（『山月記』），大岡昇平（『レイテ戦記』），松本清張（『点と線』），埴谷雄高（『死霊』）がいます。（　）の中の作品は，その作家の代表作であり，いずれも出題率の高いものを一つだけ挙げておきました。

　なお，芥川賞と直木賞に関する話ですが，著名な作家が必ずしも受賞しているわけではありません。デビューした時点で新人賞を受賞するまでもなく優れていたのが，三島由紀夫（本名　平岡公威）です。一方，太宰治は，無軌道な生活が忌み嫌われたのか，とてもこの賞が欲しかったにもかかわらず，候補作品にノミネートされながらも（審査員に賞が欲しいために，手紙まで送っていました），遂に賞をとることが叶いませんでした。そして，平成29（2017）年8月の現時点で，最もノーベル文学賞に近いという評判の村上春樹も，受賞をしていません。筆者は，今年は必ず村上春樹は受賞すると予想しているのですが……。もちろん，芥川賞や直木賞に関していえば，受賞したからといって，必ずしも文学的に優れた作家に大成するとはいえません。それは，その後の受賞作家の人生を辿ると分かります。ただし，審査委員の厳しい審査を通過しているのですから，受賞作が名作であることは確かです。一度は，これらの作家の作品を最後まで読んでもらいたいものです。

　ちなみに，現時点で，ノーベル文学賞を受賞しているのは，川端康成と昭和33（1958）年に芥川賞を受賞した大江健三郎（1935-　）だけです。

　では，次に作家のペンネームにちなんだ問題を挙げることにします。

 9-2　作家のペンネーム

【問題80】
　次の「故事成語」にちなんでペンネームをつけた作家と，その代表的な作品，特に，一般的に三部作と呼ばれた小説を三つ挙げ

なさい。

なお，「故事成語」の故事とは中国の古典を題材にした教訓的な話のことを指します。

石に漱（くちすす）ぎ流れに枕す

(答)　夏目漱石
　　　『三四郎』『それから』『門』

解　説

　大学入試では，年々，「古典」「漢文」は敬遠され，また，現代文でも文語調の文体は読むのが難しいと，ごく一部の大学以外では，出題されない傾向にあります。しかし，やはり，夏目漱石（1867-1916），森鷗外（1862-1922）だけは例外のようです。特に，恋愛をテーマにした小説は，高校生も共感するのでしょうか。内容の是非はともかく，漱石の『こころ』と鷗外の『舞姫』はよく読まれています。森鷗外は，当時の明治国家の重要な懸案事項の一つであった「仮名遣い」について，大変な関心を示していました。明治41（1908）年に，臨時仮名遣調査委員会が開催された際，鷗外も委員として参加して，会の席上，歴史的仮名遣いの重要性について唱えています。当時の国家的事業に積極的に参画した森鷗外（本名森林太郎）に対して，東京帝国大学の英語講師を辞し，文学博士号さえも辞退した夏目漱石（本名夏目金之助）とは，様々な意味において，対極的な位置にあった文豪であったといえるでしょう。

　なお，国民的作家司馬遼太郎の本名は，福田定一です。私事になりますが，司馬さんとは，平成2（1990）年に，初めてお会いすることができました。その折，いろいろな話を伺うことができ，二度お葉書も頂戴したことがあります。当時，大学院生であった筆者の稚拙な論文に対しても，本当に思いやりのある文面の感想を述べて

くださいました。その時の想い出は，また改めて書きとめておきたいと思っています。ただ，以前から，疑問を抱いていた，司馬遼太郎のペンネームの由来が，本当に「司馬遷に遼かに及ばす」だったのか，聞きそびれてしまいました。

なお，少し長くなりますが，司馬さんが急逝された後，司馬さんとの想い出を，『ガクシン』（京都学生新聞）の依頼をうけて，平成11（1999）年に「先生人語」というコーナーに寄稿したことがあります。当時の学生に対するメッセージとして執筆したものですが，かなり以前の文ですので，少し，加筆，修正したものを下記に掲げておきます。きっと司馬さんのお人柄を分かっていただけると思います。

「近江はいいところですね」
　私が初めて司馬さんとお会いした時に聞いたことばである。
　近頃の学生は本を読まなくなった，と言われるが，司馬遼太郎氏の作品は相変わらず多くの読者を魅了している。
　私が，今の学生にぜひ読んでほしい本は，あまたある司馬史観に基づいた歴史小説ではなく，旅の見聞を通して，その土地の人々の精神性や文化の内奥を描き出した『街道をゆく』である。人はときに，旅に出たくなる時がある。そんな時に，読んでほしい作品である。そこには，司馬さんの土地に対する優しいまなざしが感じられる。
　私事で誠に恐縮だが，私自身何度か司馬さんとお会いし，二度お葉書を頂戴している。当時アルタイ言語学に関心をもち，借用語彙に関する研究論文を書いた頃であったと思う。厚顔を顧みず拙稿をお送りしたところ，思いがけずすぐに返事が届いた。氏には生来，人の欠点を見ようとする性向がないと思われるほど，温かな励ましの文面であった。
　現在，私は琵琶湖の南に位置する短期大学に勤務している。
　司馬さんがこよなく愛した近江の地にあり，『街道をゆく』のシリーズもここから始まる。司馬さんは，近江について話を

されるとき，時に俳人芭蕉の次の句を挙げられることがある。
　行く春を近江の人と惜しみける
　この句の人には，どの地方の人も当てはめることはできない。あくまで，近江の人でなければならないということである。大学の近くにも，芭蕉と所縁のあった門人たちの俳人塚が数多く残されている。旅にして旅をすみかとした芭蕉が，とりわけ近江という土地に魅せられたのは，その情趣だけではなく，きっと近江に暮らす人々であったことであろう。
　司馬さんが急逝されてから，すでに十五年以上の歳月が流れた。しかし，氏の人に対する優しさや，温かな人柄はその書の中に，余すところなく描かれている。
　私は，今の学生に，色々な旅を経験し，様々な人との出会いを通して，自らの内面をもう一度見つめなおしてほしいと願っている。そんな時，『街道をゆく』は，きっと一つの考えるヒントのようなものを与えてくれることであろう。

 9-3　作家と作品名

【問題81】
次の1〜5に挙げた作家の代表作を ⅰ〜ⅴ の中から選びなさい。また，その作家は，一般に，A〜Eの文学上どの派に属していますか，記号で選びなさい。

1　志賀直哉　2　川端康成　3　芥川龍之介　4　谷崎潤一郎
5　太宰治

ⅰ　雪国　ⅱ　人間失格　ⅲ　城の崎にて　ⅳ　痴人の愛
ⅴ　鼻

A 白樺派　B 無頼派　C 新感覚派　D 耽美派　E 新現実主義

(答)　1 ⅲ A　2 ⅰ C　3 ⅴ E　4 ⅳ D　5 ⅱ B

解　説

　また，問題の傾向として，作家と作品名を問われることがあります。文学には，同じ傾向をもった作品を書く作家が多いため，どの派に属し，どのような傾向をもった作品を書いているのか，一度，『国語便覧』等で調べておくほうがいいでしょう。おすすめの国語便覧とその特徴を記しておきます。

武久堅・青木五郎・坪内稔典・浜本純逸（監修）（2007）
『クリアカラー　国語便覧』教研出版

　ビジュアルの面でも工夫がされており，学生にとって非常に読みやすい便覧です。各分野の泰斗が執筆しています。

内田保男・石塚秀雄（編）（2004）
『社会人のための国語百科増補版』大修館書店

　主に，現場の先生が中心になり執筆された便覧です。個々の内容について，非常に詳細に書かれており，書名にある通り，社会人の方にとって役立つ書といえます。

【問題82】
　次のⅠ～Ⅴの作者の作品は，どのジャンルに属しますか。[　]の語群より選びなさい。

　Ⅰ　三島由紀夫（鹿鳴館）　Ⅱ　俵万智（サラダ記念日）
　Ⅲ　高村光太郎（智恵子抄）　Ⅳ　小林秀雄（無常といふ事）
　Ⅴ　横光利一（蠅）

[詩集　評論　小説　歌集　戯曲]

(答)　Ⅰ戯曲　　Ⅱ歌集　　Ⅲ詩集　　Ⅳ評論　　Ⅴ小説

解　説

　かつて大学入試問題では，小林秀雄（1902-1983）の評論は必須の作品でしたが，現在では，難解なためか，些か敬遠される傾向にあります。ただ，それでも難解な入試問題では，依然，根強い人気があります。また，現在では，あまり読まれなくなっていますが，横光利一（1898-1947）は，川端康成と同様に，新感覚派の代表的な作家です。

　現在よく出題される，評論家，学者の代表作を，下記に挙げておきますので，しっかりチェックしておいてください。ただし，作品数が膨大な数になりますので，ここでは，「ことば」にかかわるものに限定しました。

名前	専門	作品
岡本夏木	心理学	『子どもとことば』岩波新書
河合隼雄	臨床心理学	『ことばと人生』創元社
鈴木孝夫	社会言語学	『ことばと文化』岩波新書
田中克彦	社会言語学	『ことばと国家』岩波新書
鷲田清一	哲学	『臨床とことば』朝日文庫

（河合隼雄と共著）

【問題83】
　次に掲げる文学作品の冒頭文は誰の作品か，1～5の作者から選び，番号で答えなさい。

　A　国境の長いトンネルを抜けると雪国であった。

B　石炭をば早や積み果てつ。
　　C　幼児から父は，私によく，金閣のことを語った。
　　D　吾輩は猫である。名前はまだ無い。
　　E　名も知らぬ　遠き島より　流れ寄る　やしの実一つ

1 三島由紀夫　2 川端康成　3 森鷗外　4 夏目漱石　5 島崎藤村

（答）　A2　B3　C1　D4　E5

解　説

　冒頭文は，よく出題されますが，最後にどのような文が書かれているかも，重要です。確かめておきましょう。

　ここで，何度も出ている三島由紀夫（1925-1970）という作家について述べておきます。三島の文学作品は，誰しもが認める格調の高いものですが，その人生は数奇にみちたものでした。昭和45（1970）年に，自らが組織した「楯の会」のメンバーとともに，陸上自衛隊の駐屯地を占拠して，割腹自殺を遂げています。ノーベル文学賞の候補といわれ，川端康成も三島の文学性を高く評価していました。事件の経緯に関する詳細については，ここでは省きますが，今でもその行動は謎のままです。三島文学については，生前親しかった作家渋澤龍彦（1928-1987）が交友録を通して，『三島由紀夫おぼえがき』の中で，詳細に語っています。最近では，猪瀬直樹（1946-　）が『ペルソナ―三島由紀夫伝』において，彼の文学について，様々な角度から徹底検証をしています。

【問題 84】

　文学作品の中には，外来語を用いた題名の作品がみられます。次の作品の作者をA～Eから選びなさい。

1 万延元年のフットボール　2 限りなく透明に近いブルー
3 妊娠カレンダー　4 スティル・ライフ　5 インストール

A 村上龍　B 綿矢りさ　C 小川洋子　D 池澤夏樹
E 大江健三郎

(答)　1E　2A　3C　4D　5B

　初期の文学作品と現代の文学作品と比べると，語種にはどのようなものが使われているのか，調べてみるのも面白いかもしれません。『インストール』という題名は，もちろん，インターネットが普及する以前には，考えられない作品名です。ちなみに，作者綿矢りさ（1984- ）は，19歳で芥川賞を受賞しており，現時点では，最も若い受賞者です。一方，直木賞の最も若い受賞者は，女流作家堤千代（1917-1955）です。昭和15（1940）年に，22歳で，『小指』という作品で受賞しています。

　次は，外来語だけではなく，和語，漢語，混種語も含めた作品名に関わる問題です。

【問題85】
　日本語の語種には，和語，漢語，外来語，そして，これらの語種が合成された混種語があります。次のⅠ～Ⅳの作品の題名には，それぞれ，この語種が対応しています。
　まず，語種（和語・漢語・外来語・混種語）に対応している文学作品を選び，その作者を記号で答えなさい。

和語　漢語　外来語　混種語

Ⅰ キッチン　Ⅱ 家族シネマ　Ⅲ 飼育　Ⅳ こころ

> a 柳美里 b 吉本ばなな（よしもとばなな） c 夏目漱石
> d 大江健三郎

> （答）
> 和語 Ⅳ c
> 漢語 Ⅲ d
> 外来語 Ⅰ b
> 混種語 Ⅱ a

　ここでは，語種と作品を挙げてみました。作家とその作品名を覚えることは，一般常識問題の対策に役立ちますが，できれば，一度，実際に，それぞれの作品を全て読みとおしましょう。教科書に掲載されている内容は，頁数の関係上，一部だけのものも多く，なかなか本当の良さが分かりません。最後まで読んで，初めて筆者の意図が分かるものです。なお，『家族シネマ』は，柳美里(ゆうみり)（1968- ）が，平成8（1996）年に芥川賞を受賞した作品です。同時期に，【問題79】で出題した辻仁成（1959- ）が『海峡の光』で受賞しています。

10 辞書の話

【問題61】でも，少しふれましたが，もう少し辞書の話をしておきたいと思います。では，次の辞書にかかわる問題をやってみてください。

> 【問題86】
> 　現在，最も権威のある辞書として，新村出が編纂した『広辞苑』（2008年に，第六版の改訂版が刊行されました）を挙げることができます。それでは，現在，インターネットの検索エンジンでは，どのような辞書が利用できますか（2012年3月現在）。その辞書の名前（漢字三文字）を二つ挙げなさい。

（答）『大辞林』　『大辞泉』

解　説

　『大辞林』は三省堂，『大辞泉』は小学館から刊行されていますが，いずれも東京大学教授松村明（1916-2001）が編纂者になっています。ここでは，少し辞書の話をしておきます。

　岩波書店から刊行されている『広辞苑』（その前は『辞苑』という名の辞書でした）といえども，刊行当初から，権威ある辞書であったわけではありません。多くの人々が用いるようになり，やがてことばの規範となる辞書となったわけです。流行語，若者ことばが，いつのまにか，由緒正しき規範的な用法や語彙になった例などは，枚挙にいとまがありません。また，辞書も，現在なら，『広辞

苑』がプレステージ（威信）をもっていますが，かつては，『広辞林』
（金沢庄三郎編）が最も威信をもった辞書でした。『広辞林』の三
省堂，『広辞苑』の岩波書店という発行所も，現在では，著名な出
版社に成長を遂げています。なお，新村出も金沢庄三郎(1872-1967)
も，明治33（1900）年に，言語学会（現在の日本言語学会とは異な
ります）の機関誌『言語学雑誌』に論文を寄稿しており，両名ともに，
今から百年ほど前に活躍した著名な言語学者です。新村出が逝去し
た後は，息子新村猛（1905-1992）が，『広辞苑』を改訂していきま
した。その精神は，今の編集者にも受け継がれています。

　ここで，一度，権威があると考えられてきた辞書の流れをみて
いきたいと思います。まず，初めは，「仮名遣い」の問題に積極的
に取り組み，明六社の一人としても活躍した大槻文彦（1847-1928）
が編纂した『言海』を挙げることができるでしょう。大槻文彦は，
祖父が蘭学者大槻玄沢，父が漢学者大槻盤珪であり，その三男とし
て生まれています。

　なお，『大辞林』や『大辞泉』は，ウェブ上で活用できますし，IT
用語に関する収録数は，『広辞苑』を上まわっています。現在では，
大型辞書として，小学館から刊行された『日本国語大辞典』（2000
年11月，第二版に改訂されました）がよく使用されています。元々，
この辞書は，上田万年と松井簡治（1863-1945）が編纂した『大日本
国語辞典』を超える大型辞典として作成されたものです。『大辞林』
や『大辞泉』は，『広辞苑』とともに中型国語辞典ですが，やはりウェ
ブ上で活用できる点で，『広辞苑』とは，また異なる特色を打ち出し
ているといえるでしょう。売上数に関しては，いまだ『広辞苑』
には届かないものの，現在のIT化に対応しているこの辞書が，いずれ
は，『広辞苑』をおびやかす存在になるかもしれません。なぜなら，
『広辞苑』のように，一度，権威ある辞書になると，確かに，プレス
テージ（威信）を有することができるかもしれませんが，その代わ
りに，どうしても保守的にならざるを得ないからです。ことばは常
に変わっていきます。これからの権威ある辞書は，迅速にことばの

変化に対応した『大辞林』や『大辞泉』に変わっていくかもしれませんし，また，全く別の辞書にとって代わられる可能性もあります。

さて，先ほどの問題ですが，簡単そうにみえて，改めて書くとなると，うっかりと忘れてしまった人はいませんか？ おそらく，皆さんが使っている辞書といえば，『広辞苑』が多いでしょうし，現在は，CD-ROM 版も販売されていますから，かなり浸透しているはずです。

なお，上記の辞書は，膨大な語彙数や項目数を有しており，概ね次のような収録語数があります。

『広辞苑』（第六版）　　24 万語
『大辞泉』（初版）　　　22 万語
『大辞林』（第三版）　　23 万 8000 語

検索エンジンを使えば，そうでもありませんが，日常に携帯する辞書としては，上記の辞書は，あまりにも厚過ぎます。しかし，これらの辞書は，全て中型国語辞典です。一般的に，大型国語辞典といえば，あくまで，『日本国語大辞典』（第 1 巻～第 14 巻，別巻）のような約五万の項目数と百万の用例数を収録しているような辞典のことを指しています。

では，次に，実際にどのような辞書を使えば良いのかという問題について考えてみます。これも，よく尋ねられる質問です。また，それぞれの辞書には，いったいどのような特徴があるのでしょうか。この点について詳しく知りたい人も多いことでしょう。ここでは，辞書の変遷について，少し説明しておきたいと思います。

明治以降，最も古い有名な辞書として，先述した大槻文彦の『言海』を挙げることができます。最近は，復刻版も刊行されましたので，ずいぶん使いやすくなりました。それでも，語源（語原）については，「猫」などは「ねこま」から由来するといった面白い説明がされています。もちろん，この類の話は，何ら学問的根拠はあり

ません。この『言海』の後から，当時，プレステージを有した中型の辞書を，時系列に並べていきます。

『言海』→『大言海』→『辞林』→『広辞林』→『辞苑』→『広辞苑』

もちろん，上記の辞書以外にも，先ほど述べた松村明（編）の『大辞林』『大辞泉』，独特な語釈と用例で知られた山田忠雄（編）の『新明解国語辞典（第六版）』，『問題な日本語』がベストセラーになった北原保雄（編）の『明鏡』，ビジュアルな面で使いやすい民族学の梅棹忠夫（1920-2010），言語学の金田一春彦，国語学の阪倉篤義（1917-1994），医師の日野原重明（1911-2017）という各分野の泰斗四名が編集した『講談社　カラー版日本語大辞典（第二版）』等，現在に至るまで，数多くの辞典が刊行されています。

各辞典とも，それぞれの個性があり，その辞書独自の強みがありますが，規範的な面においては，現在では，『広辞苑』にまさるものはないでしょう。もちろん，規範的であることは，保守的にも通じます。IT関係の用語の収録はかなり遅くなった経緯があり，『広辞苑』にIT関連の用語が収録されただけでニュースになったほどです。

では，先ほど述べた収録語数以外の面ではどうでしょうか。新しく刊行された辞書は，以前の辞書よりも何か魅力的な要素がないと誰も買いません。

一度，yahooかinfoseek等の検索エンジンの辞書機能を使って意味の分からない単語を検索してください。

この時に，辞書機能として使用できるのが，『大辞泉』のようなデジタル機能を搭載した辞書です。このような辞書は，IT関連用語にも強く，インターネットを使用することが，半ば日常化している現代では，非常に便利といえるかもしれません。ただし，筆者自身は，アナログ人間だと誹りをうけるかもしれませんが，基本的には小型の辞書でもよいから，一つのことばを本気で調べるなら，辞書を引いてほしいと考えています。すぐに調べたことばの意味はす

ぐに忘れてしまいます。やはり、基本は、辞書を引き、分からない難しいことばの意味をメモに書き留めておくと、そのことばの意味を忘れることはありません。また、忘れたとしても、そのメモを見れば、すぐにことばの意味を思い出すことができます。

辞書は、使い方如何(いかん)で、自分の知識を豊富にする最も重要な道具になります。自分にあった小型の辞書をみつけ（私の場合は、『岩波国語辞典』（第七版）を利用しています）、常に携帯するようにしてほしいものです。

なお、手軽に読める辞書に関する本として、倉島節尚(くらしまときひさ)(1935-)の『辞書と日本語　国語辞典を解剖する』をお薦めします。著者は、長年、辞書の編纂に関わった経験があり、様々な辞書の特性を詳細に説明しています。

この中で、印象に残った個所を挙げておきます。

> 国語辞典のごく一般的な使い方は、言葉に関する疑問を解決するための道具としてである。一般の人にとって、「辞書にこう書いてある」ということは、「これが正しい」ということとほとんど同じニュアンスで用いられる。逆に、「そんなことはどの辞書にも書いていない」ということは、それは間違っているというかなり強い根拠となりうるのが普通である。

辞書が言葉に関する疑問を解決するための拠(よ)り所とされ、辞書に記載されている内容は時に裁判資料にさえなるほどに社会の信頼度が高い。実際これまでに、「タバスコ」「プラモデル」「ポリバケツ」「セロテープ」「テトラポッド」などの商標を巡る紛争で、辞書の記述が取り上げられた。また先年、韓国における「カルピス」の商標無効訴訟でも、辞書の記述が云々(うんぬん)されたとか、されそうになったとか聞く。登録商標を巡って一般名詞か固有の商標たりうるのかという係争事件で、辞書の記述が証拠として取り上げられることがある。このことは、社会一般の通念として、辞書の記述は正確であり、規範性が強く、辞書

に記載されている内容は社会一般に通用する共通の認識であるはずだ，と考えられているからに他ならない。

　しかし，言葉は長い間に，ゆっくりとではあるが，確実に変化していくことは，歴史的にも経験的にも明らかである。それまで規範とされてきたものと異なる意味・用法や文法現象が生じ，それが次第に広く用いられるようになり，それまでの規範に対しては誤りであっても現実には無視できない勢力をもつに至る例はいくつもある。ここに言葉の規範と慣用の問題が生まれる。

　　　　倉島節尚（2002）『辞書と日本語　国語辞典を解剖する』
　　　　　　　　　　　　　　　　　　　　　　　　　　より引用

　ここで倉島（2002）は，国語辞書について次のような対比をしています。

規範　⇔　慣用

　この対比は，当然のようですが，日々の生活の中で，見失いがちな面を鋭く指摘しています。日本語を母語として，日常生活の中で，使っている人にとって，自らの母語を顧みる機会などはまずありません。人がことばを使う限り，ことばは変化します。そして，変化したことばを使用する人が増えてくれば，慣用表現として定着すると同時に，規範も変化していくということです。そして，規範の象徴であるかのように考えられている辞書も，いつしか改訂が加えられるようになるのです。

11 語源の話

　語源の話は，学問的ではないといわれますが，昔は古今東西の立派な学者たちが語源の研究をしていました。「語源学」は，ヨーロッパでは，一つの学問体系ですが，これは，語源学の由来が，ラテン語やギリシャ語といった古典の知識から発するからだと考えられます。

　では，語源にかかわる次の問題を考えてください。

【問題 87】

　六甲「ろっこう」という文字は，元々は，漢字二文字で（①＋②）と書き，「むこ」と読まれていました。

　しかし，その後，時代を経て，「むこ」ではなく，音が似た漢字の（「六」＋「甲」）に変わり，「ろっこう」という漢語読みが定着したといわれています。この①と②を使った〈　　〉の熟語を参考にして，①と②に該当する漢字を考えなさい。

〈　①士　〉　　〈　金②　〉

(答)　①　武　　　②　庫

【問題 88】

　「一所懸命」とは，本来，「武士が自らの領地（一所）を懸命に守る」ということを意味していました。それが，現在では，漢字一字が変化して，音が似た四字熟語も用いられるようになっています。

この四字熟語とは，何か漢字で正確に答えなさい。

(答) 一生懸命

【問題89】
卒業式の最後に，「……をはなむけのことばとします」という言い方をしますが，この「はなむけ」の「はな」とは，元々はどのような意味ですか，1～3の漢字の中から選び，番号で答えなさい。

1 鼻　2 花　3 華

(答) 1

解　説

「はなむけ」と聞けば，ほとんどの人が，この「はな」とは，2の花のことを指していると思うかもしれません。卒業式などのセレモニーがあった時に，主賓の挨拶と同時に，花を贈呈する場面を想起するのが理由の一つかもしれません。現代社会に生きる人なら，このような語源俗解（ごげんぞっかい）に陥る（おちい）のも当然のことといえます。しかし，この場合の「はなむけ」の「はな」とは，「鼻」のことを指し，旅人のために，これから旅立つ方へ馬の鼻を向けた習慣がかつてあったために，このような言い方がされるようになりました。『土佐日記』でも，同様の記述がみられることから判断して，かなり昔からあった習慣であったことを窺う（うかが）ことができます。

このような時代的背景を知らないと，「はなむけ」の語源は決して分かりません。語源を調べることは，単に「ことば」を調べるこ

とに終始するのではなく,「歴史」「文化」と深い相関関係があることに注意しなければなりません。

> 【問題 90】
> 「カチンとくる」のカチンの語源は何か？ どのような辞書を使っても構いませんので，あなた自身の考えを述べなさい。

（答）
「かちん」とは女房詞（にょうぼうことば）（宮中でのみ使用されることば）で餅のことを指し，それが転じて，堅いものにあたった時の音のことを意味するようになった。そして，さらに，自分の感情を強く刺激されることを,「カチンとくる」と言うようになったと考えられる。

解 説

一般的な辞書には，ことばの意味だけではなく，語源まで記述されていることがあります。ここでは，語源を調べる方法も説明しておきたいと思います。

先述したように，現在，最も権威があるとされる『広辞苑』は，国語学，言語学が専門の新村出が，語源に関して該博（がいはく）な知識を有していたため,非常に詳しく記されています。明治期には,「語源」（当時は,「語原」と表記されることもありました）に詳しい辞書として，大槻文彦の『言海』がありますが，当時の辞書としては，きわめて斬新（ざんしん）で優れたものであったものの，語源の解釈には肯定できない個所も多くみられます。

では，下記に，『広辞苑』の意味の説明を記しておきます。

「かちん」　　　堅い物の触れて発する音
「かちんとくる」　　相手の言動が自分の感情を強く刺激し，

不愉快に思う。

　もし，ここで語源に関係しそうな語彙がなければ，現代語ではすでに意味が失われていると判断し，さらに古い語彙が収録された『古語辞典』を利用してみます。例えば，『岩波古語辞典』では，「かちん」は［女房詞］餅と記されています。「女房詞(にょうぼうことば)」とは，宮中でのみ使われたことばで，「お〜」「〜もじ」のような用法がありました。現代語の「おひや」「しゃもじ」などの語彙も全て「女房詞」に該当します。また，筆者の経験上，これまで古いことばを調べた折に，最も役に立つ辞書と考えているのが，室町期に成立した『日葡辞書』です。ポルトガル宣教師によって，当時の日本語の表記がされており，話しことばを表記した点で，資料的価値がきわめて高い文献といえます。ここでは，当時のポルトガル語の表記でCachinと記されており，意味は，Mochi「餅」となっています。

　このような語源の情報を得て，筆者は，「カチンとくる」の「カチン」は，女房詞の餅の名称「かちん」であると判断しました。

12 実用的な日本語

 12-1 文章の書き方

【問題91】
（例）を参考にして，普段，文章を書く上で，特に気をつけていることを述べなさい。

（例）　だらだらと書かずに，できるかぎり短文にして書くように心がけている。

（答）　序論・本論・結論が分かるように，段落を分けて書くように心がけている。

解　説

　三島由紀夫も谷崎潤一郎も，ほぼ同時期に『文章読本』という本を書いていますが，作家の理論は専門的に研究する場合は別にして，参考程度にしておきましょう。昔は，朝日新聞の『天声人語』を写すと良いと言われていましたが，今は，実用的な文章を書く上では，いきなりは難しいでしょう。まず，新聞の「声」の欄などを参考にして，一般の人が書いている文章を写してみて，「借文」する方法でも良いでしょう。また，「起承転結」は，あくまで理想的な文章論です。文章は，序論・本論・結論が分かるように書き，できる限り誤字，脱字がないように気をつけることです。基本的な文章の書き方については，すでに述べましたが，さらに詳しい著書として，

次の本を推薦したいと思います。まず、比較的最近の本として、為田英一郎・吉田健正（2004）の『文章作法入門』、野内良三（2010）の『日本語作文術』を挙げることができます。

先に述べましたが、初版はずいぶん以前の本ですが、不朽の名著といえる岩淵悦太郎（1989）の『第三版　悪文』は、今でも十分に通用する日本語の指南書です。

次は、国語教育と日本語教育について考えてみます。本書でも、少しふれましたが、この両者は、似て非なる学問領域です。次の問題を通して、この違いを理解し、どのような検定制度があるのか、みていきましょう。

12-2　国語教育と日本語教育：検定制度について

すでに、本文中で関連した事項を述べましたが、日本語と国語の違いを考える上で、とても重要ですので、次の問題を考えてみてください。

【問題92】次の文のAとBに入る適当なことばを、1～4の番号で答えなさい。

日本では、外国人に日本語を教えることを、一般に（A）教育と呼び、母語話者に、日本語を教えることを（B）教育として、この両者を区別しています。

1 日本語　2 ことば　3 母国語　4 国語　5 公用語

（答）　　A 1　　B 4

解　説

　国語教育とは，生まれながら日本語を習得した人，すなわち，母語話者に日本語の体系や規範を教えることです。また，日本語教育とは，現在では，一般的に，外国人留学生に日本語を教えることを指しています。国語教育も，日本語教育も，それぞれ学術的な学会が存在します。国語教育には，全国大学国語教育学会があり，機関誌『国語科教育』を刊行しています。一方，日本語教育学会にも，機関誌『日本語教育』があり，実践的な論文や理論的な論文が掲載

検定	主催
日本語検定	日本語検定委員会
言語力検定	財団法人文字・活字文化推進機構
BJTビジネス日本語能力テスト	財団法人日本漢字能力検定協会

されています。いずれの学会も，年二回の全国の学会発表の場があり，活発な議論が展開されています。

　ここで，日本語関連の学会の検定制度について少し述べたいと思います。まず，外国人日本語学習者についてですが，日本語能力試験（主催者は，独立行政法人国際交流基金，財団法人日本国際教育支援協会が行い，平成22年度に，問題のレベルに関して大幅な改訂が行われました）が実施されており，外国人留学生に対しては，日本留学試験（主催者は，独立行政法人日本学生支援機構です）が行なわれています。基本的には，日本留学試験は，日本の大学で学習する留学生が必要となる学力を評価する試験です。一方，日本語能力試験は，従来の級を改め，N1〜N5までのレベルが設けられており，日本語能力を正確に判断できるように設定されています。

　そして，外国人日本語学習者に対して，日本語を教える側が，一定レベルの日本語教育能力を有することを保証するため，日本語教育能力検定試験が年1回，実施されています。この検定は，受検資格はありませんが，かなりの日本語教育の基礎的知識や実践能力がないと合格できません。なお，この検定試験は，公益財団法人

JESS（日本国際教育支援協会）が主催しています。いずれの検定試験も，過去に出題された問題集が刊行されていますので，受検者は，必ずこのような問題集を通して，過去の問題の傾向をチェックしておいてください。また，年度によっては，試験内容が大幅に変化することがありますので，受検前に，必ずホームページで確認しておくことも必要です。

では，次に，大学初年次の学生にとって，なじみのある漢字検定に関する話をします。おそらく高校時代，一度は受検したことがあるのではないかと思います。

では，まず，下記の問題を解いてください。

【問題93】
次の漢字の部首は何ですか。
1. 防　2. 究　3. 宜　4. 都

（答）　1. こざとへん　2. あなかんむり
　　　　3. うかんむり　4. おおざと

解　説

間違いやすい答は，おそらく「こざとへん」と「おおざと」でしょう。ここで，少し，漢字検定の話をしておきます。今は，検定ブームということもあり，地域の活性化にも，検定は役立っています。よく知られた京都検定以外にも，私の故郷の滋賀県では，びわ湖検定，平成20（2008）年からは，甲賀忍者にちなんだ甲賀忍者検定まで実施されています。最近では，平成23（2011）年から，関ヶ原の戦いにおいて，西軍の実質的な将であった石田三成（1560-1600）にちなんだ石田三成検定もあるぐらいです。

このような地域の検定ブームがある中，現在，受検者数が最も多いと考えられる漢字検定制度について考えてみます。

現在は，年三回（平成23年12月31日現在）の受検の機会がありますが，例えば2級の場合は，8割の正解が要求されます。検定にありがちなことですが，問題は違ったとしても，問題の出題パターンは同じことが多いことです。
　この検定の場合も，下記のような，2級の出題パターンがみられます。
　なお，内容については，財団法人日本漢字能力検定協会のホームページと『漢検過去問題集　平成23年度版』を参考にしました。

対象漢字数　　高校卒業程度・大学・一般程度（1945字，他に人名用漢字，常用漢字が読み書き活用できるレベル）

主題内容　　漢字の読み，部首・部首名，対義語・類義語，誤字訂正，
熟語の構成　　漢字の書取，送り仮名，同音・同訓異字，四字熟語

　ここで，【問題93】を出題した理由は，漢字検定の問題の中で，「部首・部首名」の問題がきわめて難しいと，筆者が感じたからです。【問題93】は，比較的簡単なものであり，2級程度の問題なら，漢字をみて，その部首を判断しなければならないのですが，非常に難解な問題が出題されています。ただし，先述したように，形声文字の場合，基本的には，音符と意符に分かれているため，音符がみつかれば，部首はそれ以外のものとなります。【問題93】の2．の「究」の場合，音符が漢字の下部分の「九」なので，上の部分「穴」が部首名の「あなかんむり」になります。必ずしも，形声文字がこのように，すぐに見つかるはずはないのですが，覚えておくと便利です。
　何度も言いますが，検定を受検する場合には，充分に過去の問題に慣れておくことが肝要です。そして，漢字検定の場合なら，検定を通して，ぜひ漢字について関心をもってもらいたいと考えていま

す。もちろん，検定制度は，実用的側面があり，合格することが最大の目標です。しかし，検定の問題集に取り組みながら，一般教養的な側面にも，ぜひ関心を抱いてもらいたいと願っています。

では，もう一題やってみましょう。

【問題94】

次の「蹂躙」，「矍鑠」という漢字は何と読みますか。
A～Dの中から選びなさい。
1　人権を蹂躙する
　　Aじゅうし　Bようご　Cこうし　Dじゅうりん
2　矍鑠としたお年寄り
　　Aさっそう　Bかくしゃく　Cらいらく　Dりん

（答）　1 D　　2 B

解　説

いずれも，漢字検定2級程度の問題だと考えられます。2級以上の合格を目指している人は，選択問題なしで読み方を答えられるようにしてください。

では，検定に合格するためには，どのような対策を講じればよいのでしょうか，考えてみてください。合格することだけを目標にするためには，過去の問題集をできるだけ多くやることです。この方法が，検定に合格する最短の近道です。ただし，これは，先ほども述べたように，あくまで，検定に合格することを目標にした受検者のための対策です。検定の問題を通して，漢字に関心をもった人は，なぜこのような読みになるのか考え（本書では第1章を参考にしてください），漢字や文字論に関する本を借りて徹底的に調べてみてください。また，最近では常用漢字の改定(2010年11月30日)がありましたが，こうした事態にも迅速な対応をするために，今後

の出題範囲の動向も確認しておく必要があります。受検者数が多い検定ほど，数多くの問題集が出版されています。よくお薦めの参考書を質問されることがありますが，これは，実際に，検定問題を出題している財団法人が出版する問題集が，最も役に立つのはいうまでもありません。

　例えば，ことばと関連する項目がある「秘書検定」も，級別に問題集があり，現在は，早稲田教育出版が刊行しています。これも財団法人実務技能検定協会が認定している上記の過去の問題集をすることと，関連するホームページを常日頃確認しておくことが必要でしょう。なお，秘書検定は，あくまで実務的能力が問われる検定ですので，普段あまり大学の教養教育では取り上げられないかもしれません。しかし，マナーや接遇といった就職に直結した実践的なノウハウも，このような問題集で身につけることができます。

　次に，日本語に関する検定と主催者を挙げておきます。先ほど取り上げた漢字検定以外にも，下記のような検定があります。いずれも，書店に行けば，検定の受付を扱っているはずです。

　なお，外国語の検定も，日本では盛んに行われています。英語にかかわる検定はよく知られていますが，英語以外にも，ドイツ語技能検定，実用技能フランス語検定，実用イタリア語検定が実施されています。また，主要な言語として，他に，中国語検定，ロシア語能力検定などを挙げることができます。最近では，「ハングル」能力検定だけでなく，受検者は決して多くはありませんが，インドネシア技能検定も行われています。今後は，さらに，現在，経済や文化交流が盛んになっているベトナム語の検定も実施されることでしょう。

　ところで，日本語にかかわる検定試験と外国語の検定試験とは全く関係がないと考えている人もいることでしょう。しかし，日本語以外の言語を学ぶことによって，日本語をさらに深く理解することができるのです。「対照言語学（contrastive linguistics）」という言語学の研究部門があるように，他言語を学ぶと，日本語の音韻・

語彙・文法の違いがいっそう明確になります。ただし，ここでは実用的な日本語について話をしていますので，必ずしも，教養を身につけることを前提にして，受検をしなくてもかまいません。単に，旅行のために，日常会話をもっと上手く話したいという動機でも良いのです。外国語を習得するモチベーションを高めるために，ぜひ検定試験の受検をお薦めします。外国語の検定を通して，日本語と他言語との相違点に気づけば，教養的な言語研究を進める第一歩になります。

　確かに，実用的な日本語の検定試験の目標は，あくまで資格を取得することですから，暗記中心で規範的なものになりがちです。しかし，実用的な日本語を通して，「なぜ……」という疑問を抱いたとき，すでに教養的な日本語へと，自分の関心が変化していることに気づいてください。検定試験には，終わりがありますが，学問研究には終わりはありません。自分が興味をもったことは，いろいろな資料を駆使してぜひ調べてください。

13 教養的な日本語

【問題 95】
ことばは,人が使う限り変化します。ことばが変化する要因は何だと思いますか。あなた自身の考えを述べなさい。

(答)
　日本人の心底のどこかに「恥」を怖れる感情があるために,自らが恥ずかしいと思うことば(故郷の地域方言等)を使わなくなり,意図的に普段話すことばを変化させていく要因が考えられる。その一つの理由として,「恥」ということばを題名にした本や,「恥」をキーワードにした本が毎年よく売れていることからも窺(うかが)うことができる。つまり,人は,洗練された日本語を書こうとしているのではなく,いかに恥をかかない文章を書くようにするかという点に関心があるのだろう。この「恥」の概念が,ことばを変化させる最大の要因だと考えられる。

解　説

　解答はあくまで,一例に過ぎません。言語変化の要因については,拙著(2003)『なぜ言葉は変わるのか─日本語学と言語学へのプロローグ─』をぜひ参考にしていただきたいと思います。現在も,この言語変化の問題については,様々な説があり,筆者も,こうした変化の要因を,さらに詳しくまとめてみたいと考えています。

【問題96】

次の語彙は,「音位転換」といって,音が変化したために,別のことばになった例です。

次に挙げる「しだらない」とは,現代語では,どのようなことばなのか,考えなさい。

(例)
あらたし　　　→　　　(あたらしい)
しだらない　　→　　　(　　　　　)

(答)　だらしない

解　説

　これは,元の「しだらない」の「だら」が前に移り,「だらしない」に変化した例です。このような現象が生じるのは,おそらく,普段使っている読み方ではなく,反対の読み方をすることによって,聞き手に新奇なイメージを抱かせる働きがあるからだと考えられます。

　他の例では,サングラスのことをグラサンと呼ぶことがありますが,これも,当時は,エンターテインメント産業やその牽引役である若者たちの間で,様々な若者ことばが流行したからでしょう。また,このような現象は,ことばを意図的に反対に読むことによって,他の世代の人を排除し,互いの仲間意識を生み出そうとしていることとかかわっています。

　もちろん,ことばを意図的に,様々な読み方に変化させようとする若者たちは,いつの時代においてもいました。また,当時の流行(はや)りことばが,時代の変遷とともに,定着すると,立派な規範的なことばに変化していく場合もみられます。

　上記のように,規範的なことば,正しいことばとは,元々,決定しているものではなく,当時の政治,経済,文化とも深く結びついたものでもあり,他者とのコミュニケーション(たとえ実際に互

いに会うことはなくとも）によって変化していく要因を常に胚胎（はいたい）しているといえるのです。ことばとは，勝手きままに変化するのではなく，人が使うから変化していくことを決して忘れてはならないでしょう。

【問題97】
文字は必ずしも，音を正確に表すわけではありません。
次の「ん」の中で，同じ音があれば，番号で答えなさい。
1 本箱（ほんばこ）　2 本棚（ほんだな）　3 本が（ほんが）
4 本屋（ほんや）

（答）なし

解　説

まず，（答）がない場合があることに驚かれたかもしれません。「ん」は「ん」じゃないかと思う人もいることでしょう。言語学，とりわけ，音声学という分野では，わずかな音の変化も研究対象として扱います。実は，この四つの「ん」の音は全て違っているのです。まず，初めの「本箱」ですが，実際の音声を忠実に再現するとすれば，[hombako] になります。

もし，疑念を抱いたら，自分で発音してみてください。「ほんばこ」の「ば」の前の「ん」は唇を閉じて発音しているはずです。言語学の用語では，これを両唇破裂音（両唇閉鎖音）といいます。両方の唇を閉じておいて，閉鎖していた口から，一気に呼気を吐き出すからです。言語学用語に限らず，「……学」というと，どうも，難しい用語，漢語を多用しすぎる傾向がありますが，「ことば」にかかわる用語ぐらいは，もう少し簡単な言い方にならないものかと，つくづく考えさせられます。

では，他の場合もみていきましょう。「本棚」なら唇は閉じてい

ません。この場合は，舌の位置が歯茎の辺りにありませんか。「本が」なら，もっと複雑で，自分ではなかなか気づきませんが，舌が後方に盛り上がり，もっと奥のほうにあるはずです。この辺りは，軟口蓋と呼ばれていますが，このような用語は，普段は特に意識しないためか，音声学者か耳鼻咽喉科の先生ぐらいしか知りません。しかし，知識では分からなくとも，音声は，自分の舌で確認できます。舌を歯につけて，だんだん後ろに移動させていくと，歯茎，硬口蓋があることに気づくはずです。さらに，舌をそっていくと，滑らかな個所があります。それが，軟口蓋です。

　以上の例を，順に，音声学記号で表記すれば，[m][n][ŋ]となり，4は，鼻にかかった鼻母音[ĩ]で表記されます。なお，通常の日常生活では，私たちは，このような違いに気づいてはいません。今の説明は，音声学に関するものですが，これらの音全てを表記すれば，/N/になります。これは，音韻論的な観点からみた表記の仕方です。

【問題98】
　次の「〜ている」の用法の中で，同じものが二つあります。下記の1〜5の中から選びなさい。

1　父は，今，テレビを見ている。　2　猫が走っている。
3　私は二度ドイツを訪れている。　4　ドアが開いている。
5　母はいつも六時に散歩をしている。

（答）　　1　2

解　説

「〜ている」は，学校文法に従って分類すると，「て（接続助詞）＋いる（動詞）」になります。ただし，時間的制約をうけることなく，動作の様態そのものを重視すれば，このような用法は，アスペクト

（相）と呼ぶことが適当です。アスペクトに関しては，様々な言い方がありますが，ここでは，1と2は進行相，3は経験相，4は状態相，5は習慣相としておきます。ここで，重要な点は，同じ「〜ている」でも，アスペクトの観点からみると異なるということです。大学に入って，「言語学概論」「日本語学概論」等の授業を受講すれば，すぐに気づくと思います。高校は学校文法が主ですので，このような用語はまず習いませんが，大学では，アスペクト，モダリティ，ムードといった独特の用語が使われます。

皆さんが，英語を習ったときに，「現在完了形」とか「過去分詞」という言い方に違和感を抱きませんでしたか。これも，英語独特の用語ですので，初めて英語に接した人が，本当にそのような時間的な問題まで理解していたかは疑問に感じるところです。また，日本語と外国語の場合は，用語だけでなく，外界の分節の仕方（きりとり方）が全く異なることも特徴的です。

この「分節」にかかわる次の問題を考えてみましょう。

【問題99】
日本語の「この机はキで作られている」，「花壇にキを植える」という表現の「キ」を英語に直せば，それぞれ wood, tree という別の単語になります。なぜ，日本語と英語は，このように単語が一対一対応しないのか，同じような例を挙げて，その理由を考えなさい。

（答）
例えば，日本語の「アシ」といえば，英語の foot や leg にも使用できるが，英語を母語としている人は，この二つの単語の違いを明確に区別している。この理由は，母語を同じくする人，すなわち，ある言語共同体と別の言語を母語とする人たちでは，外界の分節の仕方（きりとり方）が違うからである。

解　説

　もし，母語を同じくしない者同士でも，分節の仕方に変化がみられなければ，外国語を習得するためには，単語帳一つで事足ります。なお，この分節は，語彙だけではなく，音韻，文法等，様々な面でみられます。典型的な例では，日本人は虹を七色だと思っていますが，同じ虹が三色にみえる言語共同体も存在します。

　かつて，ドイツの言語学者ヴィルヘルム・フォン・フンボルト（1767-1835）は，「言語とは，ergon（生成されたもの・作品，ドイツ語では sein）ではなく，energeia（生成するもの・活動，ドイツ語では werden）である」と考えました。

　文化人類学者が，外国で日本との文化の違いを学ぶのは，何も外国語の習慣だけを知ることを目的にしているわけではありません。フィールドワークを通して，日本語を母語とするものと他民族との間で，外界のきりとり方がどのように異なっているのかという点も重要なのです。

　では，最後に，本書では，日本語の理想的な文字の体系について詳しく述べてきましたが，復習のために，次の問題を出題することにします。文字の問題は，これからの日本語の行方を考える上で，大変重要ですから，このテーマについては，歴史的な経緯を踏まえて，よく考えてみてください。

【問題 100】日本語の文字体系には，漢字，ひらがな，カタカナ，ローマ字があるが，この中で，かつて廃止されることが決定することになっていた文字があります。明治 35（1902）年，官制の国語調査委員会の決定事項であった，その文字と何ですか。次の中から選びなさい。
1　漢字　2　ひらがな　3　カタカナ　4　ローマ字

（答）　　1　漢字

解　説

　本書を最初から読んでくださっている方は，この（答）をみて，まさかと思ったかもしれません。現在は，日本語ブーム，漢字ブームといえる時代ですが，今から，およそ110年前，欧米列強に対抗して，現行の漢字を廃止し，ローマ字，ひらがな，カタカナ，新国字のいずれかの文字を採用しようとする方針が打ち出された時代がありました。漢字好きの人にとって，本当に不思議な時代であったと考えられます。なぜこのような思想が生まれたのでしょうか。このような漢字崇拝の時代に対して，社会言語学者田中（2011）は『漢字が日本語をほろぼす』という本を刊行し，現行の日本における漢字使用に対し，鋭い問題提議をしています。私たちは，なぜこれほどまでに，漢字を好み，連綿として使用してきたのか，今こそ，その理由について深く考えてみなければならないでしょう。単に「漢字仮名混じり文」に慣れているからといった安易な理由に終わらせないで，これから，本格的に，「日本語学」を学ぶ人は，一度ぜひこのテーマについて深く考えてみてください。

　最後に，本書の第12章第2節の「国語教育と日本語教育─検定制度について」は，科学研究費基盤研究（C）「日本人学習者を対象としたベトナム語検定試験制定のための基礎的研究」の研究分担者としての研究成果の一部であることを付記しておきます。

おわりに

　拙著は，当初，大学初年次の学生及び短期大学の学生を念頭において執筆しました。しかし，その内容については，専門用語をできる限り排除して，ことばに関心を抱く高校生にでも読めるように構成しました。

　拙著の目的は，比較的易しい日本語の問題（100問）を解き，解説を読むことや辞書や参考書を活用することによって，自らの力で日本語の問題に取り組み，少しでも読者の皆さんに日本語の知識を深めてもらいたいと考え，上梓しました。従来の問題集と違うところは，本書の問題を何度も取り組むことによって，日本語に対する関心を強くもってもらいたいと考えていることです。暗記中心の日本語の問題から脱却し，考える日本語へと移行して，本当の「ことばの学」の面白さを知ってもらいたいと願ったわけです。

　もちろん，本書にも難しい箇所が随所にみられますし，そんな内容は初めて聞いたと感じる読者もいらっしゃることでしょう。

　筆者は，これまで単独の拙著を刊行していますが，今回は，初めて，「分かりやすく読みやすく」をモットーに，文体を「デス・マス体」に統一してみました。専門の言語学と日本語学の著書（これまで『ふしぎな言葉の学』『なぜ言葉は変わるのか』をナカニシヤ出版から刊行しています）よりも，はるかに時間を費やし，数多くの内容を削除せざるを得なかったこともありました。易しく分かりやすく書くことが，いかに難しいことか，書き終えて改めて痛感しています。実用的な問題を解くと同時に，教養的な側面にも関心を抱いてもらうために，「なぜ，そのような答えが導きだせるのか」と考えてもらえることを期待しながら，一つひとつの問題を精査しながら出題しました。このような点では，本書は，大学初年次の学生に向いているのかもしれません。しかし，「ことば」について興味のある一般の読者の方，単に答え合わせをする受験のやり方に辟易としている高校生の皆

さんにも，ぜひ読んでもらいたいと願っています。例えば，これまでの漢字の学習では，暗記中心であった問題と解答が，ローマ字を用いると，簡単に読み方が分かる方法や，ローマ字には，他の文字では決して気づかない音の変化があることに気づくことと思います。本書の特徴は，解答パターンを単に暗記するのではなく，問には，必ずしも決まった答えがない場合もあり，考えるプロセスにこそ，大変な意味があることにも理解してほしいと考えたわけです。

　また，拙著の特徴として，「日本語学」の概論書に記されているIT関連用語については，ほとんどふれていません。これは，筆者が，専門の文献を探す方法以外に，それほどパソコンの機能に習熟していないこともありますが，それよりも，最近の学生の日本語表現能力の低下は，書く力より打つ力のほうに，あまりにも重点を置きすぎたことに起因しているのではないかと危惧しているからです。時代錯誤も甚だしいアナログ人間であるとの誹りをうけるかもしれません。もちろん，筆者とて，インターネット社会の恩恵をうけていますし，決して，現代社会の便利な側面を否定するわけではありません。しかし，今後，インターネット社会がいくら進んでも，就職試験も，入学試験も，全て手書きで書かなければならないでしょう。作文，小論文の問題が出題されても，臆することなく，日本語の文章を書けるようになってほしいのです。

　筆者が，拙著を通じて，述べたいことは，「書く力」を身につけることと「自ら考える力」を養ってほしいことなのです。最初は，稚拙な文章であっても，解答を何度間違ってもかまいません。本書は，まさに日本語を再履修する気持ちで取り組んでもらいたいと深く願っています。

　実用的な問題を通して，一人でも多くの読者の方が，日本語の奥深さを感じとってもらえば，筆者としても望外の幸せです。そして，100の問題を通して，日本語の教養的な側面にも関心をもってもらえば，筆者としても，拙著を上梓したささやかな意味があったと考えています。

参考文献

阿辻哲次（2008）『漢字を楽しむ』講談社現代新書　pp.55-56
阿部謹也（1995）『「世間」とは何か』講談社現代新書
池見酉次郎（1950）『心療内科』中公新書
猪瀬直樹（1999）『ペルソナ―三島由紀夫伝』文春文庫
岩淵悦太郎（1989）『悪文　第三版』日本評論社
大野晋・佐竹昭広・前田金五郎（編）（1990）『岩波古語辞典　補訂版』岩波書店
大野晋（1994）『日本語の起源　新版』岩波新書
大野晋（1999）『日本語練習帳』岩波新書
柿木重宜（2000）『ふしぎな言葉の学―日本語学と言語学の接点を求めて―』ナカニシヤ出版
柿木重宜（2003）『なぜ言葉は変わるのか―日本語学と言語学へのプロローグ』ナカニシヤ出版
柿木重宜（2004）「チャレンジコーナー（シニア版）」『月刊　言語』第 33 巻第 7 号 pp.108-113
柿木重宜（2005）「絵になった感動詞」『月刊　言語』大修館書店
　pp.64-65
柿木重宜（2006）「近・現代における語源学と主要参考文献」吉田金彦（編）『日本語の語源を学ぶ人のために』世界思想社
　pp.301-326
柿木重宜（2007）「『語源学』の理論と実践について―国語教育へのアプローチの可能性―」『滋賀女子短期大学研究紀要』第 32 号
　pp.125-138
金田一春彦（1988）『日本語　（上）』岩波新書
金田一春彦（1991）『日本語の特質』NHK ブックス
窪園晴夫（2002）『新語はこうして作られる』岩波書店
倉島節尚（2002）『辞書と日本語　国語辞典を解剖する』光文社新書
黒川伊保子（2007）『日本語はなぜ美しいのか』集英社新書
小池清治（1997）『現代日本語文法入門』ちくま学芸文庫
渋澤龍彦（1986）『三島由紀夫おぼえがき』中公文庫
清水幾太郎（1959）『論文の書き方』岩波新書
杉本つとむ（2005）『語源海』東京書籍

田中克彦（1981）「ことばと国家」岩波新書
田中克彦（2004）『ことばとは何か―言語学という冒険―』ちくま新書
田中克彦（2011）『漢字が日本語をほろぼす』角川 SSC 新書
玉村文郎（編）（1992）『日本語学を学ぶ人のために』世界思想社
為田英一郎・吉田健正（2004）『文章作法入門』ナカニシヤ出版
寺村秀夫（1982）『日本語のシンタクスと意味　第 1 巻』くろしお出版
外山滋比古（2008）『忘却の力―創造の再発見―』みすず書房
中村元・紀野一義（1960）『般若心経・金剛般若経』岩波文庫
西尾実（編）（1980）『現代国語 3　二訂版』筑摩書房
日本漢字能力検定協会（2010）『漢検　2 級　過去問題集　平成 22 年度版』日本漢字能力検定協会
野内良三（2010）『日本語作文術』中公新書
橋本勝・E. プレジャブ（1996）『モンゴル文語入門』大阪外国語大学
藤岡勝二（1907）『国語研究法』三省堂
前田富祺（編）（2005）『日本語源大辞典』小学館
松本修（1996）『全国アホ・バカ分布考―はるかなる言葉の旅路―』新潮文庫
水村美苗（2008）『日本語が亡びるとき　英語の世紀の中で』筑摩書房
宮田幸一（1948）『日本語文法の輪郭―ローマ字による新体系打立ての試み』三省堂（2009　復刊　くろしお出版）

事項索引

あ
威信　115, 119, 134
インド・ヨーロッパ語族　58, 110, 111, 113
打つ文　94
音韻対応　106
音韻添加　17
音節文字　10, 74
音素文字　10, 74

か
書く文　94
活用　71
冠詞　2
換喩　97
起・承・転・結　99
基礎語彙　110, 111
訓令式ローマ字表記法　75, 78
形音義　20
形声文字　18
言海　134, 135, 141
言語共同体　97, 155
広辞苑　83, 133, 134, 141
広辞林　134, 135
呉音，漢音，唐音　29
語源学　83
古事記　111
混種語　57, 58, 59, 131

さ
社会方言　118, 119
借用語　107
熟字訓　50, 51
省略語　67
助数詞　49
世間　85

た
対照言語学　149
地域方言　86, 116
調音労働の経済性　67
徒然草　86
提喩　97
時枝文法　70, 71

な
日葡辞書　142
日本式ローマ字表記法　75, 76
日本書紀　111
女房詞　141, 142

は
恥の概念　85, 116, 151
橋本文法　70, 71
撥音　14
半濁音　10
比較言語学　2, 106
比喩的表現　96
標準語　116
プレステージ　60, 119, 134, 136
分節　155
ヘボン式ローマ字表記法　65, 75, 76
棒引仮名遣い　101
母語　74, 116, 119, 145

ま
万葉集　111
メール言語　90, 91, 94

ら
ら抜きことば　3
六書　18

163

連声　11, 12, 29
連濁　7
六根　53

わ
和英語林集成　75
和語（大和ことば）　57, 107, 131
和製漢語　59

人名索引

あ
芥川龍之介　121
足利義満　120
阿辻哲次　19
阿部謹也　85
池見酉次郎　98
岩淵悦太郎　95, 144
上田万年　84, 116
大江健三郎　124
大槻文彦　134, 135, 141
大野晋　14, 111

か
金沢庄三郎　134
川端康成　98, 124
観阿弥　120
金田一春彦　29, 61, 136
黒川伊保子　65
小林英夫　63
小林秀雄　129

さ
司馬遼太郎　95, 125
清水幾多郎　89, 101, 102
新村出　83, 141
鈴木重幸　77
世阿弥　120
ソシュール, F. de　63

た
太宰治　124
田中克彦　62, 66
田中舘愛橘　75
堤千代　131
寺村秀夫　73
外山滋比古　38

な
直木三十五　121
夏目漱石　125
仁田義雄　77

は
服部四郎　76
藤岡勝二　84, 100, 114
ヘボン, J. C.　65, 75

ま
松本修　115
三島由紀夫　124, 130, 143
水村美苗　66
宮田幸一　77
村山七郎　14
物集高見　52
森鷗外　125

や
横光利一　129

吉田兼好 **86**

ら
頼山陽 **99**

ライマン，B. S. **8**

わ
綿矢りさ **123, 131**

著者紹介

柿木重宜（かきぎ・しげたか）
博士（言語文化学）大阪大学
1994 年　一橋大学大学院社会学研究科（社会言語学専攻）
　　　　博士後期課程単位取得
現在　　関西外国語大学大学院言語文化研究科教授
　　　　関西外国語大学外国語学部教授
　　　　日本語語源研究会副会長
　　　　京都地名研究会理事
　　　　日本ペンクラブ正会員

主著
『なぜ言葉は変わるのか―日本語学と言語学へのプロローグ』ナカニシヤ出版（2003 年）
『近代「国語」の成立における藤岡勝二の果した役割について』ナカニシヤ出版（2013 年）
『日本における近代「言語学」成立事情Ⅰ―藤岡勝二の言語思想を中心として』ナカニシヤ出版（2017 年）
『新・ふしぎな言葉の学―日本語学と言語学の接点を求めて』ナカニシヤ出版（2018 年）

日本語学トレーニング 100 題

2017 年 9 月 30 日　初版第 1 刷発行
2023 年 9 月 15 日　初版第 2 刷発行

（定価はカヴァーに表示してあります）

著　者　柿木重宜
発行者　中西　良
発行所　株式会社ナカニシヤ出版
〒606-8161　京都市左京区一乗寺木ノ本町15番地
Telephone　075-723-0111
Facsimile　075-723-0095
Website　http://www.nakanishiya.co.jp/
E-mail　iihon-ippai@nakanishiya.co.jp
郵便振替　01030-0-13128

印刷・製本＝ファインワークス
Copyright © 2017 by Shigetaka Kakigi
Printed in Japan.
ISBN978-4-7795-1211-7 C1081

本書のコピー，スキャン，デジタル化等の無断複製は著作権法上の例外を除き禁じられています。本書を代行業者等の第三者に依頼してスキャンやデジタル化することはたとえ個人や家庭内での利用であっても著作権法上認められていません。